**문덕의
하루 15분 영어습관**
Voca Usage

국립중앙도서관 출판예정도서목록(CIP)

문덕의 하루 15분 영어습관 : voca usage / 지은이: 문덕. --
고양 : 위즈덤하우스, 2014
  p. ;   cm

본문은 한국어, 영어가 혼합수록됨
ISBN 978-89-6086-695-9 13740 : ₩12000

영어 단어 [英語單語]

744-KDC5
428-DDC21   CIP2014018709

문덕의 하루 15분 영어습관 - Voca Usage

초판1쇄 발행 2014년 7월 4일
초판2쇄 발행 2014년 7월 11일

지은이 문덕
펴낸이 연준혁
출판8분사 편집장 김화정
에디터 지연
디자인 구수연
편집진행 유난영
전산편집 design B03
제작 이재승

펴낸곳 ㈜위즈덤하우스 출판등록 2000년 5월 23일 제13-1071호
주소 경기도 고양시 일산동구 정발산로 43-20 센트럴프라자 6층
전화 031) 936-4000   팩스 031) 903-3891
홈페이지 www.wisdomhouse.co.kr
종이 월드페이퍼 인쇄제본 현문인쇄

ⓒ 문덕, 2014

값 12,000원
ISBN 978-89-6086-695-9 [13740]

* 잘못된 책은 바꿔드립니다.
* 이 책의 전부 또는 일부 내용을 재사용하려면
사전에 저작권자와 ㈜위즈덤하우스의 동의를 받아야 합니다.

문덕의
하루 15분
영어습관
Voca
Usage

위즈덤하우스

Preface

저는 20년 가까이 영어 어휘를 집중적으로 강의해 오고 있습니다. 간혹 저에게 왜 영어의 다른 영역도 많은데 어휘강의를 고집하는지 묻는 학생들이 있습니다. 그럴 때마다 씨익 웃으며 '다른 것은 아는 게 없어' 하고 말지만 사실은 하고 싶은 말이 있습니다.

'영어를 배우는 데 있어 가장 힘든 문제는 첫 번째도 어휘이고 맨 마지막도 결국은 어휘란다. 어휘는 씨앗과도 같아서 좋은 씨앗을 바로 심는 것은 '영어'라는 농사를 짓는 데 있어서 가장 중요한 작업이지. 어휘는 대충 외우고 나서 그 다음 작업만 치밀하게 하려 하는 것은 마치 부실한 씨앗을 심고 나서 열심히 물과 거름을 주는 것과도 같은 거야. 결코 좋은 수확량을 거둘 수 없겠지. 그래서 어휘 학습이 너무나 중요하단다. 이런 이유로 나는 20년 가까이 어휘를 강의해 왔고 앞으로도 어휘를 강의해 나갈 것이다.'

저는 어휘를 강의함에 있어 단지 효율성만을 추구하지는 않습니다. 빨리만 할 수 있다면 설사 원칙에서 벗어난 방법이라도 문제없다는 사고방식이 우리나라에 광범위하게 퍼져있습니다. 이런 사고방식이 요즈음 우리나라에 이런 저런 끔찍하고 참담한 일을 일으키는 것을 똑똑히 보고 있습니다. 이러한 '효율 지상주의' '속도 지상주의' '단기병'들은 온라인 교육의 성장과 맞물려 영어교육 시장에도 암세포처럼 퍼지고 있습니다.

저는 이번 『문덕의 하루 15분 영어습관-Voca Usage』를 통해서 올바른 원칙을 지켜나가는 것이 결코 진부하거나 비효율적이지 않다는 것을 입증하려 합니다. 그리고 올바른 어휘학습이 얼마나 우리 자녀들의 영어를 혁신적으로 바꾸어 내는지 보여줄 것입니다. 그러려면 이 책과 함께 무료로 제공되고 있는 저의 100개의 해설 강의를 반드시 함께 하셔야 합니다. 그래야만 제가 이 책에서 끊임없이 말하고 있는 다음 두 문장이 제대로 이해가 될 테니까요.

"모든 영어 단어의 의미는 하나의 이미지다."
"영어 단어도 한자와 같다."

끝으로 이 책을 만드는 과정에서 원고 집필과 정리에 도움을 주신 〈MD 영어 연구소〉의 김형탁 선생님께 깊은 감사와 우정을 표합니다. 이 책의 편집을 도맡아서 고생하신 위즈덤하우스의 김화정 편집장님, 유난영 실장님, 지연 대리님께 깊은 감사를 드립니다. 예쁘고 세련된 디자인으로 책을 디자인 해 주신 구수연 디자이너님께도 감사드립니다. 마지막으로 촬영과 동영상 편집에 주야로 고생을 하신 문성식 과장님께도 깊은 감사를 전합니다.

뿌린 대로 거두리라…

2014년 6월 문덕.

About this book

하루 15분의 힘!

**매번 작심삼일로 끝나는 당신을 위한
가장 현실적인 영어책!**

늘 새해가 되면 영어공부 해야겠다고 다짐합니다. 영어학원을 등록하거나, 책을 사거나, 인터넷강의를 신청하기도 합니다. 하지만 그 결심이 오래가긴 쉽지 않죠. 우리는 늘 뭐든 시작할 때 너무 큰 욕심을 부리는 것 같아요. 한 달에 10kg을 빼야 하고, 세 달 만에 영어 달인이 되어야 한다는 욕심. 그 욕심을 버리고 하루에 15분만 투자해보세요. 영어공부 부담이 없어지고 매일 할 수 있을 걸요? 그게 바로 습관되는 영어공부법입니다! 천천히 뺀 살은 요요현상도 없듯 영어공부도 마찬가지랍니다.

단순하지만 확실한 '15분 학습법'!

**영어 포기하지 않고
꾸준히 공부할 수 있게 만들어준다!**

매일 해야 하는 15분인데, 복잡하거나 힘든 방법이면 안 되겠죠? 10분 QR코드 찍어 문덕 쌤 강의 듣고, 퇴근 길 5분 QR코드 찍어 원어민이 읽어주는 단어와 문장 들으며 영어단어감각 익히면 끝~! 10분 강의 듣고, 5분 복습만 해라! 영어 습관이 생기고 기적처럼 영어 기본기가 잡힙니다!

영단어 실력, 문덕의 암기비법으로 쌓는다!

**필요할 때 영단어가 떠오르지 않는 건,
단순 암기했기 때문이다!**

20여 년 동안 영단어만을 강의하고 연구해온 영단어 전문가 문덕 선생님이 단어와 기억 사이에 튼튼한 다리가 되는 '어원'과 '단어 상상법'을 제안합니다. 빨리 외워지고 오래 기억되는, 필요할 때 바로 떠오르게 도와주는 그만의 학습법으로 영단어도 공부하고 영단어 공부법도 배워봅시다! 이 책은 단어도 외우고 단어암기 학습법도 알게 되는 '올바른 영단어 책'입니다.

매일 문덕 쌤과 10분 과외!

**영단어의 神 문덕 쌤의
핵심 영단어 동영상 강의!**

혼자 공부하기 힘드셨나요? 20분 이상 분량의 인터넷 강의가 부담스러우셨나요? 이제 하루 10분 문덕 선생님과 만나며 즐겁게 꾸준히 영어해봅시다.

단어 상상법

모든 영어 단어의 의미는 하나다!
상상하라! 하나의 의미로 다의어가 보인다!

영단어를 공부할 때 가장 어려운 것이 바로 한 단어에 여러 가지 의미가 있다는 것(다의어)이다. 어떤 단어를 하나의 의미로 완벽히 외웠다 생각했더니 전혀 다른 의미로 그 단어가 사용되기도 한다.

hot은 '① 뜨거운 ② 더운 ③ 매운 ④ 매력적인 ⑤ 최신의' 등의 뜻이 있다. 이 모든 뜻을 그냥 단순히 암기해둘 수도 없고 어떻게 해야 할까? 이때 필요한 것이 단어의 기본의미에서 확장하여 다양하게 의미를 상상하는 것이다. 예를 들어 hot은 기본 의미인 '뜨거운'으로 2~5번까지 의미를 이해할 수 있다. '② 더운(구체: 날씨가 뜨거운)', '③ 매운(비유: 맛이 매워서 입안이 뜨거운)', '④ 매력적인(추상: 여성이 매력적이고 뜨거운 느낌을 주는)', '⑤ 최신의(추상: 소식이 새로워서 따끈따끈한)' 등이 하나의 의미로 연결돼 있음을 알 수 있다. 이러한 원리는 원어민이 단어를 이해하는 원리와 같다.

상상하라! 단어의 기본이미지를 떠올리며 다양한 의미로 연관시켜보자. 기본이미지가 구체적일 때, 추상적일 때, 사람일 때, 사물일 때, 비유적으로 표현될 때 등으로 다양하게 상상하면 된다. 이 책으로 단어 암기는 물론 상상하는 훈련도 함께 해보자.

어원

영단어는 한자와 같다!
영단어도 뜻글자다!
암기하지 말고 이해하라!

영단어 중에는 라틴어나 히랍어에서 차용해 온 것들이 꽤 많다. 마치 한국어에 중국의 한자가 많이 쓰이는 것처럼. 한국어를 익힐 때 한자를 아예 배제하고는 국어의 수준이나 어휘량을 늘릴 수가 없듯, 영단어도 마찬가지이다. 영단어도 한자처럼 뜻글자라 어원을 이해하면 훨씬 쉽고 많은 양의 단어를 익힐 수 있다.

- **지하철**: 지하(地下) + 철(鐵)
  subway : sub(아래) + way(길)

- **生**(생): 생명, 탄생, 생기, 생일, 생사
  viv, vit(life) : **viv**id(생생한), **vit**al(활기찬), sur**viv**e(생존하다), re**viv**e(부활하다)

이렇게 영단어도 한자와 같아서 어원으로 단어의 뜻을 유추할 수 있고 다양한 단어를 쉽게 이해하고 사용할 수 있다. 이 책에는 문덕 선생이 선별한 가장 유용한 영단어 어원 50여 개가 들어있다.

How to use this book

하루 15분, 영어습관을 만들기 위한 이 책의 활용법

이 책은 영어공부를 꾸준히 하고 싶지만 의지가 약해 매번 작심삼일로 끝나는 분들을 위해 고안되었습니다. 저자가 직접 강의한 10분 분량의 동영상 강의와 5분이면 읽을 수 있는 부담 없는 텍스트로 전 과정을 15분에 마칠 수 있습니다. 포기하지 않고 꾸준히 영어를 공부하고 싶다면 이렇게 공부해보세요!

하루 10분 강의 듣고 감 잡기

동영상 강의를 들으며 문덕 쌤이 뽑은 핵심 다의어와 어원을 통해 영단어를 익혀봅니다. 저자 선생님의 쉽고 재밌는 강의를 듣다 보면 어느덧 시간이 훌쩍 지나 영단어가 머리에 남게 됩니다. 영단어를 외우는 것은 물론, 영단어를 어떻게 익혀야 하는지 방법도 함께 터득됩니다. 영어공부 하려고 따로 시간 낼 필요 없이 출근길, 점심시간, 퇴근길 등 자투리 시간을 활용해도 충분합니다.

❶ 배워야 할 단어가 무엇인지, 어떤 의미를 가지고 있지를 설명해 두었습니다.

❷ 저자가 직접 강의한 10분 내외의 동영상 강의가 매 챕터 수록되어 있습니다. QR코드를 찍어 언제 어디서든 스마트폰만 있으면 강의를 들을 수 있습니다. 따로 시간 낼 필요 없이 자투리 시간만 잘 활용해도 효과 만점!

❸ 해당 단어나 어원의 기본의미입니다. 모든 단어는 기본의미에서 출발한다는 거! 이 기본의미에서 상상은 시작됩니다!

❹ 해당 단어의 뜻, 혹은 해당 어원으로 확장되는 단어들을 한눈에 볼 수 있도록 정리했습니다. 해설을 보며 기본의미와 연결해 상상하며 익혀보세요.

❺ 기본의미를 이미지로 기억해둘 수 있도록 사진을 수록했습니다.

• **동영상 강의**는 http://cafe.naver.com/dailydo 에서도 볼 수 있습니다.

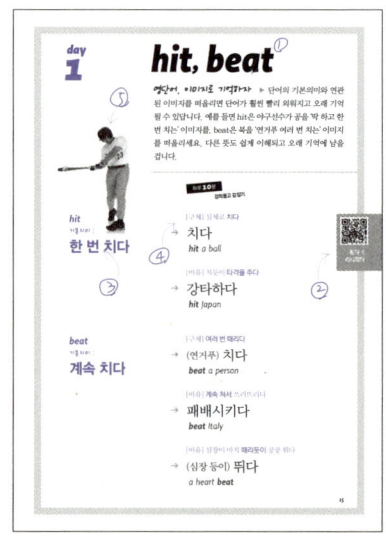

영어공부 실천이 쉬워지는 마법의 커피타임
달콤한 중독, Cafe 영어습관
http://cafe.naver.com/dailydo

여러분의 영어공부 실천을 도와드리는 위즈덤하우스의 네이버 영어카페입니다.

매일 아침 출근길에, 점심 식사 후 커피타임에, 가벼운 마음으로 〈Cafe 영어습관〉에 들르세요. 영어공부 실천이 마법처럼 쉬워집니다.
매일 한 번씩 습관처럼 들어와 카페의 재미난 새 글을 읽는 동안 어느새 영어가 자연스러워지고 영어실력이 향상되는 것이 느껴질 겁니다.
빵빵 터지는 이벤트, 잔잔한 재미가 있는 유익한 글들, 든든한 동반자들과 함께 공부하는 스터디, 무료 MP3, 동영상 강의도 준비되어 있습니다.
하루 한 번, 〈Cafe 영어습관〉에서 만나요!

하루 5분
영단어 감각 만들기

귀에 쏙쏙 들어오는 재미난 강의를 들으셨다면, 이제는 여러분의 차례입니다. 강의만 듣고서는 온전히 자기 것이 될 수 없어요. 단 5분이라도 혼자서 정리해보는 시간이 필요합니다. 스스로 영어문장을 소리 내어 연습해보고, 강의의 내용을 복습한다는 심정으로 원어민이 녹음한 MP3 파일을 따라 말하며 영단어 감각을 만들어봅시다.

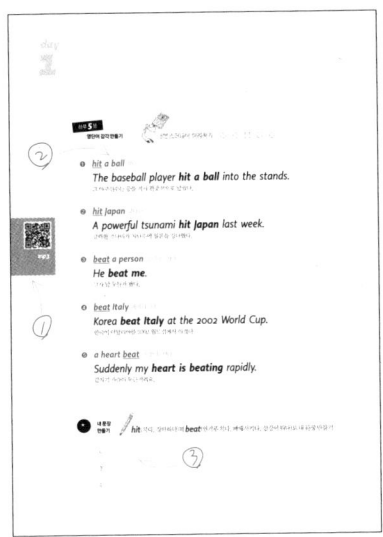

❶ QR코드를 찍으면 MP3를 스마트폰에서 바로 플레이 할 수 있습니다. 원어민의 음성을 듣고 배웠던 영단어, 구문, 문장을 각각 큰소리로 5번씩 따라해보세요.

❷ 오늘 배운 단어와 그 단어가 들어간 구문, 예문을 링크하여 녹음했습니다. 단어만 기억하는 게 아니라 그 단어가 들어간 자주 쓰이는 구문과 예문을 함께 엮어 학습할 수 있도록 했습니다.

❸ 오늘 배운 영단어로 내 문장을 만들어봅시다. 나만의 문장으로 만들어보지 않으면 절대로 내 꺼 안 됩니다!!

- **MP3파일**은 http://cafe.naver.com/dailydo에서도 다운로드할 수 있습니다.

How to use this book

day 1	**hit** / **beat** 영단어, 이미지로 기억하자		15
2	**sub-** / **dis-** / **com-** / **re-** / **un-** 영단어는 한자와 같다		17
3	**draw** 구체적으로, 추상적으로 상상해보자		19
4	**pre-** / **pro-** / **with-** / **in-** / **de-** 접두어 미리 챙겨두자		21
5	**run** / **seize** 사람과 사물로 상상해보자		23
day 6	**-ic** / **-(ti)ous** / **-tion** / **-ity** 영단어는 과학이다		25
7	**yield** '+'는 긍정적, '−'는 부정적		27
8	**-able** / **-ible** 능동의 탈을 쓴 수동의 접미어		29
9	**overlook** / **oversee** 어원이 다의어의 비밀이다		31
10	**spec(t)** 어원은 영단어를 잡는 그물		33
day 11	**mind** / **weigh** 한글과 영어의 의미는 통했다		35
12	**viv** / **vit** 살아있는 듯 생생한 추억		37
13	**board** 비행기나 기차라는 판자 위에 탑승		39
14	**hum** / **hom** 인간은 땅 위의 동물		41
15	**make** 여러 가지 의미를 만드는 동사		43
day 16	**man** 제조업의 역사를 말한다		45
17	**break** 깨는 것이 늘 나쁜 것만은 아니다		47
18	**rupt** 정치인들은 유리처럼 잘 깨진다		49
19	**carry** 여러 가지 의미의 운반책		51
20	**du(c)t** 살살 꼬드겨 끌고 가지 마		53
day 21	**come** / **bring** 알아채기 힘든 커플 관계		55
22	**ven(t)** 시저와 함께 왔노라		57
23	**go** 겨울왕국이 만든 2014년 최고의 동사		59
24	**ceed** / **cess** 성공해서 높은 자리로 올라갈 테야		61
25	**get** 선물을 얻어서 행복해졌어		63

day 26	mov / mot 마음을 움직여 행동하게 하라	65
27	hold 한번 잡으면 놓지 않는다	67
28	tain 면허증은 노력해서 잡은 결과물	69
29	take 최강의 다의어를 취하자	71
30	sum 영어공부, 다시 시작하는 거야	73
day 31	see / look / watch 이제야 의미가 보인다	75
32	vis / vid 시저와 함께 보았노라	77
33	put / lay / set 놓기는 놓는데 뭔가가 달라	79
34	sid / sess 대통령은 맨 앞에 앉는 사람	81
35	command 나의 언변으로 너를 지배할 테다	83
day 36	sta(t) 이순신 장군은 광화문에 서계신다	85
37	deliver 자장면도 내보내고 아기도 내보낸다	87
38	claim 독도는 우리 땅이라고 소리쳐 주장하자	89
39	charge 자꾸 짐을 지우면 고소할 테닷!	91
40	miss / mit 멀리 보내버리겠다면 해고하겠단 얘기?	93
day 41	cover 자동차를 덮개로 덮자	95
42	lud 장난치듯 빗대어 말하며 '메롱 메롱~'	97
43	drive 차를 몰러 갈까 제비를 몰러 갈까	99
44	puls / pel 심장은 피를 밀어대는 자동펌프	101
45	gather / collect 한데 모여 응원합시다	103
day 46	gram / graph 한 사람의 삶을 기록한 전기	105
47	raise 내 성적이 오르면 아버지의 월급도 오른다	107
48	grat / grac 좋은 일이 생기면 신에게 감사드린다	109
49	flat 굴곡도 변화도 없이 평탄한 삶은 밋밋해	111
50	tor(t) 변사또가 춘향이를 고문한 방법	113

day			
day 51	**plain**	평평한데다 탁 트여 시원한 평원	115
52	**am / em**	실력이 부족해서가 아니라 사랑해서 아마추어	117
53	**even**	나란히 놓인 벽돌조차 평평해	119
54	**sect**	우리는 남과 북 둘로 갈라진 분단국가	121
55	**odd**	한쪽만 남아서 짝이 안 맞아	123
day 56	**ject**	주사약 좀 살살 던져줘~	125
57	**issue**	패션 잡지 5월호 있슈?	127
58	**uni**	응원할 땐 유니폼 입어주는 센스	129
59	**fair**	아름다운 사람은 일처리도 공정하게 해	131
60	**tend / tent**	야외에서 텐트를 쫙~ 펼쳐	133
day 61	**spare**	스페어타이어는 어디에 있을까?	135
62	**pend / pens**	긴장감을 느끼고 싶으면 매달려봐	137
63	**feature**	눈에 확 띄잖아~	139
64	**fict / fact**	소설은 만들어진 이야기	141
65	**practice**	연습도 영업도 계속해야 하는 것	143
day 66	**dic(t)**	중독되면 계속 그것만 말한다	145
67	**court**	궁정도 법정도 예전엔 다 안뜰이었지	147
68	**clos / clud**	제외하고 싶으면 내보내고 문을 닫아!	149
69	**engagement**	약혼한다는 거야, 전투한다는 거야?	151
70	**fi / fid**	약혼은 믿는 사람이랑 하는 거야	153
day 71	**trunk**	나는 코끼리 코를 끌 테니 너는 트렁크를 끌어라	155
72	**port**	나를 운반해주는 버스와 지하철, 고마워~	157
73	**balance**	공중 줄타기는 균형이 생명	159
74	**pat(h) / pass**	아프냐? 나도 아프다!	161
75	**screen**	나쁜 건 가리고 좋은 건 보호하는 커튼	163

day 76	**sent** / **sens** 나는 계절의 변화를 느끼는 감상적인 여자	165
77	**capital** 대한민국의 수도 Seoul의 첫 글자는 대문자	167
78	**cap** / **cep** 화면을 꽉~ 잡아	169
79	**dispose** 멀리 잘 놓아봐	171
80	**pos** 작곡은 음표 모아놓기	173
day 81	**account** 돈 계산에서 설명까지 폭넓은 장사의 세계	175
82	**ped** / **pus** 낙지랑 문어 다리는 8개	177
83	**compact** 콤팩트는 분가루가 빽빽이 들어찬 여성용 화장품	179
84	**voc** / **vok** 아무 짓도 안 했는데 앞으로 불러내면 정말 화나	181
85	**affect** 잘 만들어 놓은 도미노, 감동이야	183
day 86	**flu** / **flow** 마음속으로 흘러들어가야 영향력 있다 할 수 있지	185
87	**appreciate** 어원의 가치를 아는 여러분은 제대로 이해한 사람들	187
88	**vict** / **vinc** 운동으로도 이기고 주장으로도 이기고	189
89	**suit** 소송 하는 법정에 어울리는 건 정장?	191
90	**su(e)** / **sequ** / **secu** 호텔의 달콤한 방을 찾아라	193
day 91	**apply** 몸을 구부려 몸에 로션을 발라	195
92	**spir** 홀가분하게 숨 쉬는 그날까지, 고고~	197
93	**reserve** 뒤로 남겨서 챙겨뒀다 저축해야지	199
94	**press** 그렇게 위에서 누르니까 우울하잖아	201
95	**relieve** 덜어내어 가벼워지는 다양한 방법	203
day 96	**scrib** 처방전은 약국 가기 전에 의사가 미리 쓰는 것	205
97	**term** 우리 사이는 처음부터 끝까지 함께 하는 사이	207
98	**tract** 무엇이든 끌고 간다	209
99	**direct** 내 영어에 직접적인 영향을 끼치다	211
100	**grad** / **gress** 조금씩 가다보면 어느덧 목적지	213

day 1
hit, beat

영단어, 이미지로 기억하자 ▶ 단어의 기본의미와 연관된 이미지를 떠올리면 단어가 훨씬 빨리 외워지고 오래 기억될 수 있답니다. 예를 들면 hit은 야구선수가 공을 '딱 하고 한 번 치는' 이미지를, beat은 북을 '연거푸 여러 번 치는' 이미지를 떠올리세요. 다른 뜻도 쉽게 이해되고 오래 기억에 남을 겁니다.

hit
기본의미 :
한 번 치다

문덕의 미니강의

하루 10분 강의듣고 감잡기

[구체] 실제로 **치다**
→ 치다
  hit a ball

[비유] 치듯이 **타격을 주다**
→ 강타하다
  hit Japan

beat
기본의미 :
계속 치다

[구체] 여러 번 때리다
→ (연거푸) 치다
  beat a person

[비유] 계속 쳐서 쓰러뜨리다
→ 패배시키다
  beat Italy

[비유] 심장이 마치 **때리듯이** 쿵쿵 뛰다
→ (심장 등이) 뛰다
  a heart *beat*

day 1

① **hit a ball** 치다
   The baseball player **hit a ball** into the stands.
   그 야구선수는 공을 쳐서 관중석으로 날렸다.

② **hit Japan** 강타하다
   A powerful tsunami **hit Japan** last week.
   강력한 쓰나미가 지난주에 일본을 강타했다.

③ **beat a person** (연거푸) 치다
   He **beat me**.
   그가 날 두들겨 팼다.

④ **beat Italy** 패배시키다
   Korea **beat Italy** at the 2002 World Cup.
   한국이 이탈리아를 2002 월드컵에서 이겼다.

⑤ **a heart beat** (심장이) 뛰다
   Suddenly my **heart is beating** rapidly.
   갑자기 가슴이 두근거려요.

★ 내 문장 만들기  **hit**(치다, 강타하다)과 **beat**(연거푸 치다, 패배시키다, 심장이 뛰다)로 내 문장 만들기

1.

2.

3.

day 2
sub-, dis-, com-, re-, un-

영단어는 한자와 같다 ▶ 영단어도 한자처럼 뜻글자입니다. 아래처럼 sub-가 '아래의'라는 뜻이 있듯 영단어도 한자와 같아서 어원으로 단어의 뜻을 유추할 수 있답니다. 오늘은 그 중에서도 단어의 앞에 붙어 있는 '접두어' 중 중요도가 높은 5개의 접두어를 소개하려고 합니다.

하루 10분 강의듣고 감잡기

문덕의 미니강의

기본의미 :

(sub-) 아래

아래로 가는 길
→ **sub**way
n. 지하철

(dis-) 멀리 떨어져

멀리 서있는
→ **dis**tant
a. 먼

(com-) 함께

함께 배열하다(par〈배열하다〉)
→ **com**pare
v. 비교하다

(re-) 다시

다시 생각나게 하다
→ **re**mind
v. 상기시키다

(un-) 부정

할 수 없는
→ **un**able
a. 할 수 없는

17

day 2

① take the subway 지하철
I usually **take the subway** to work.
나는 대개 지하철을 이용해 출근한다.

② be distant from 먼
Our house is very **distant from** the bus stop.
우리 집은 버스 정류장에서 아주 멀다.

③ compare to 비교하다
We are **comparing to** other travel routes.
우리는 다른 여행 경로들과 비교 중이다.

④ remind somebody to 상기시키다
Please **remind Bill to** call me.
빌에게 전화 달라고 일러주세요.

⑤ be unable to 할 수 없는
I **am unable to** walk long distances.
나는 먼 거리는 걸을 수 없다.

★ 내 문장 만들기
subway(지하철), **distant**(먼), **compare**(비교하다), **remind**(상기시키다), **unable**(할 수 없는)로 내 문장 만들기

1.
2.
3.

day 3 draw

구체적으로, 추상적으로 상상해보자 ▶ 단어의 기본의미(하나의 이미지)에서 다양한 의미로 확장·연결하려면 몇 가지 도우미가 필요한데요. 오늘은 그 중에서도 '구체'와 '추상'의 도움을 받아보겠습니다. draw의 기본의미 '끌다'에서 '구체'와 '추상'을 적용시켜 그 의미를 상상해보세요.

하루 **10분** 강의듣고 감잡기

문덕의 미니강의

기본의미 : **끌다**

[구체] 당기다
→ **끌어당기다·끌다**
   draw a sleigh

[구체] 힘줘서 **끌어 뽑다**
→ **잡아 빼다·뽑다**
   draw a cork

[비유] 펜이나 붓을 종이에 대고 **끌다**
→ **(선을) 긋다·(그림을) 그리다**
   draw a picture

[추상] 다른 사람의 마음을 **끌다**
→ **(마음을) 끌다·매혹하다**
   draw the audience

[추상] 아슬아슬한 경기로 사람들의 시선을 **끄는 것**
→ **이목을 끄는 것; 비김**
   end in a *draw*

day 3

❶ *draw a sleigh* 끌어당기다, 끌다
The reindeer drew Santa Claus's sleigh.
순록이 산타클로스의 썰매를 끌었다.

❷ *draw a cork* 잡아 빼다, 뽑다
He drew the cork from the bottle.
그는 병마개를 뽑았다.

❸ *draw a picture* (그림을) 그리다
We drew pictures on the wall today.
우리는 오늘 벽에 그림을 그렸다.

❹ *draw the audience* (마음을) 끌다, 매혹하다
The singer drew the audience in the auditorium.
가수가 공연장에서 관객을 매혹했다.

❺ *end in a draw* 이목을 끄는 것; 비김
The game ended in a 1-1 draw.
그 게임은 1대 1 무승부로 끝났다.

 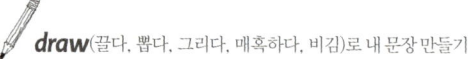

draw(끌다, 뽑다, 그리다, 매혹하다, 비김)로 내 문장 만들기

1.

2.

3.

day 4
pre-, pro-, with-, in-, de-

접두어 미리 챙겨두자 ▶ 자주 쓰이는 접두어와 접미어는 그리 많지 않아요. Day 2에서 알아본 접두어에 이어 오늘도 저 문덕이가 중요하다고 생각하는 접두어 5개를 더 챙겨보았습니다. 무지막지 자주 접하게 되는 접두어들이라 오늘 공부 끝나고 나면 여기저기서 수시로 만나게 될 거예요.

하루 10분 강의듣고 감잡기

기본의미:

(pre-) **미리**

미리 배열하다
→ **pre**pare
v. 준비하다

(pro-) **앞(으로)**

앞으로 가다
→ **pro**gress
n. 진행 v. 나아가다

(with-) **뒤로**

뒤로 끌다
→ **with**draw
v. 인출하다; 철수시키다

(in-) **안에, 위에**

안에 넣어 연결하다
→ **in**sert
v. 끼우다, 넣다

(de-) **아래로**

아래로 내리누르다
→ **de**press
v. 우울하게 하다

문덕의 미니강의

day 4

❶ *prepare* food 준비하다
I prepared special **food** for them.
나는 그들을 위해 특별한 음식을 준비했다.

❷ *in progress* 진행
The work is now **in progress**.
그 일은 현재 진행 중이다.

❸ *withdraw money from the ATM* 인출하다
I am going to **withdraw** some **money from the ATM**.
나는 현금인출기에서 돈을 좀 인출하려 한다.

❹ *insert into* 끼우다, 넣다
Insert coins **into** the slot and press for a ticket.
티켓을 사려면 구멍에 동전을 넣고 누르시오.

❺ *depress me* 우울하게 하다
Hot weather always **depresses me**.
더운 날씨는 늘 나를 우울하게 해.

★ 내 문장 만들기
prepare(준비하다), *progress*(진행), *withdraw*(인출하다), *insert*(넣다), *depress*(우울하게 하다)로 내 문장 만들기

1.

2.

3.

day 5 · run, seize

사람과 사물로 상상해보자 ▶ 한 단어의 다양한 뜻을 연결하는 의미변화 도우미로 '구체와 추상'을 살펴봤는데, 오늘은 '사람과 사물'의 도움을 받아볼까 해요. 기본의미에서 사람일 때, 사물일 때를 상상하여 의미를 연결해보는 거죠. 적용되는 대상에 따라 새로운 의미들이 생겨난답니다.

run
기본의미 : **달리다**

하루 **10**분
강의듣고 감잡기

[사람] 사람이 **달리다**
→ 달리다
run to

[사물] 기계 등이 **달리듯** 돌아가다
→ (기계 등을) 돌리다
run a machine

[추상] 원활히 **달리듯** 돌아가게 하다
→ (회사를) 운영하다
run a company

문덕의
미니강의

seize
기본의미 : **잡다**

[사람] 사람을 **잡다**
→ 와락 붙잡다 · 체포하다
seize somebody

[사물] 사물을 **잡다**
→ 압수하다
seize a gun

day 5

❶ **run to** 달리다
I **ran to** my house as fast as possible.
집까지 가능한 한 빨리 뛰어갔다.

❷ **run a machine** (기계 등을) 돌리다, 작동시키다
I don't know how to **run the machine**.
나는 그 기계 작동하는 법을 모른다.

❸ **run a company** (회사를) 운영하다
Moon Duk has been **running a** publishing **company**.
문덕은 출판사를 운영해오고 있다.

❹ **seize somebody** 와락 붙잡다, 체포하다
He **seized her** by the arm.
그가 그녀의 팔을 꽉 붙잡았다.

❺ **seize a gun** 압수하다, 빼앗다
The police **seized the gun** from him.
경찰은 그에게서 총을 압수했다.

1.

2.

3.

day 6
-ic, -(ti)ous, -tion, -ity

영단어는 과학이다 ▶ 단어의 앞에 붙어 있는 걸 접두어라고 했죠? 단어의 뒷부분에 붙어 있는 것은 접미어라고 한답니다. 접미어는 품사를 결정하기도 해서 특히 중요한데요. 오늘은 형용사형 접미어와 명사형 접미어 중에서 강세 변화에 영향을 미치는 몇 가지 접미어를 살펴보겠습니다.

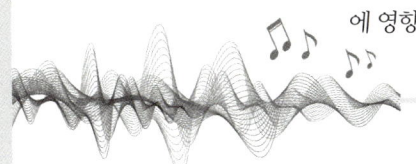

하루 10분
강의듣고 감잡기

문덕의
미니강의

기본의미 :

-ic

science(n. 강세 1음절) → scientific(a. 강세 2음절)

→ **scientific**
a. 과학적인, 과학의

-(ti)ous

courage(n. 강세 1음절) → courageous(a. 강세 2음절)

→ **courageous**
a. 용기 있는

-tion

satisfy(v. 강세 1음절) → satisfaction(n. 강세 3음절)

→ **satisfaction**
n. 만족

-ity

able(a. 강세 1음절) → ability(n. 강세 2음절)

→ *ability*
n. 능력, 재능

day 6

① <u>scientific</u> knowledge 과학적인, 과학의
I lack in **scientific knowledge**.
나는 과학 지식이 부족하다.

② <u>courageous</u> behavior 용기 있는
We will never forget her **courageous behavior**.
우리는 그녀의 용기 있는 행동을 결코 잊지 않을 것이다.

③ job <u>satisfaction</u> 만족
A pleasant working environment may lead to greater **job satisfaction**.
쾌적한 근무환경은 높은 직업 만족도로 이어질 수 있다.

④ musical <u>ability</u> 능력, 재능
I have some **musical ability**.
나는 약간의 음악적 재능을 지니고 있다.

 내 문장 만들기

scientific(과학적인), *courageous*(용기 있는), *satisfaction*(만족), *ability*(재능)로 내 문장 만들기

1.
2.
3.

day 7

yield

'+'는 긍정적, '-'는 부정적 ▶ 의미변화의 도우미 중에서 까다로운 의미변화를 이해하는 데 중요한 역할을 하는 것이 바로 '+, -'입니다. 즉, 긍정적으로 부정적으로 의미를 연결해보는 건데요, 하나의 단어가 보는 각도에 따라 정반대의 의미를 가지는 이유가 여기에 있답니다.

기본의미 :
내어주다

문덕의
미니강의

하루 10분
강의듣고 감잡기

[+] 남에게 좋은 의도로 내어주다
→ ## 양보하다
yield a little

[-] 의도와 다르게 남에게 **내어주게** 되다
→ ## 굴복하다
yield to

[+] 어떤 것을 만들어 **내어주다**
→ ## (수익, 결과 등을) 내다·산출하다
yield big profits

[+] 밖으로 **내어주는** 것
→ ## 산출·생산량
give a high **yield**

27

day 7

하루 **5**분
영단어 감각 만들기

5번 소리내어 따라하기 ☐ ☐ ☐ ☐ ☐

① **yield a little** 양보하다, 양도하다
I'll not **yield a little**.
나는 조금도 양보하지 않을 겁니다.

② **yield to** 굴복하다
I reluctantly **yielded to** his demands.
나는 마지못해 그의 요구에 굴복했다.

③ **yield big profits** (수익, 결과 등을) 내다
His business **yields big profits** every year.
그의 사업은 해마다 큰 수익을 낸다.

④ **give a high yield** 산출, 생산량
The fig trees **gave a high yield** this year.
그 무화과나무들은 올해 수확이 좋았다.

★ 내 문장 만들기  **yield**(양보하다, 굴복하다, 산출하다, 수확)로 내 문장 만들기

1.

2.

3.

day 8
-able, -ible

능동의 탈을 쓴 수동의 접미어 ▶ 여러분, able이 뭔가를 '할 수 있다'라는 뜻인 거 아시죠?! 그런데 -able이 접미어로 쓰이면 '수동'의 의미를 갖는다는 것도 아시나요? 예를 들어 available은 '이용할 수 있는'이라는 뜻이지만 사실을 알고 보면 '이용될 수 있는'이라는 뜻이랍니다. 무슨 말인지 모르겠다고요? 그럼 지금부터 강의 잘 듣고 따라오세요!

하루 10분 강의듣고 감잡기

-able
기본의미 :
~할 수 있는

이용할 수 있는
→ **avail*able***
a. 이용할 수 있는

바뀔 수 있는
→ **change*able***
a. 바뀔 수도 있는

-ible
기본의미 :
~할 수 있는

믿을(cred-) 수 있는
→ **cred*ible***
a. 믿을 수 있는, 신용할 만한

분별할 수 있는
→ **sens*ible***
a. 분별 있는, 합리적인

day 8

❶ **be** *available* 이용할 수 있는
   Is a single room **available** for tonight?
   오늘 밤에 묵을 싱글 룸 있습니까?

❷ **be** *changeable* 바뀔 수도 있는
   The weather **is changeable** these days.
   요즘 날씨가 변덕스럽다.

❸ **be** *credible* 믿을 수 있는, 신용할 만한
   This website **is** totally **credible**.
   그 웹사이트는 전적으로 믿을 수 있다.

❹ **a** *sensible* **idea** 분별 있는, 합리적인
   That's **a** very **sensible idea**.
   그것은 아주 분별 있는 생각이다.

 내 문장 만들기 *available*(이용할 수 있는), *changeable*(바뀔 수도 있는), *credible*(믿을 수 있는), *sensible*(분별 있는)로 내 문장 만들기

1.

2.

3.

day 9

overlook, oversee

어원이 다의어의 비밀이다 ▶ 어떤 다의어들은 아무리 기본의미를 연결하려 해도 연관성을 이해하기 힘들 때가 있습니다. 그럴 땐 그 단어의 어원을 알고 나면 의미변화가 쉽게 이해되는데요. 까다로운 다의어 중 하나인 overlook의 어원을 통해 그 비밀을 풀어보고, 혼동어휘인 oversee와 비교하여 뉘앙스 차이도 알아봅시다.

하루 10분
강의듣고 감잡기

문덕의
미니강의

기본의미 :
위, 너머 + 쳐다보다
(over + look)

[-/ over(넘어서)] 못 보고 그냥 **넘기다**

→ **간과하다**
못 보고 지나치다
overlook one important fact

[+/ over(넘어서)] 남의 잘못을 못 본 척 **넘기다**

→ **눈감아주다**
overlook somebody's mistake

[구체/ over(위)] **위에서** 아래로 쳐다보다

→ **내려다보다**
overlook the sea

위 + 보다
(over + see)

[추상/ over(위)] **위에서** 내려다보며 감독하다

→ **감독하다**
oversee the project

① **overlook** one important fact 간과하다, 못 보고 지나치다
You seem to have **overlooked** one important fact.
너는 한 가지 중요한 사실을 간과한 것 같아.

② **overlook** somebody's mistake 용서하다, 눈감아주다
I'll **overlook** your mistake this time.
이번에는 너의 실수를 눈감아주마.

③ **overlook** the sea 내려다보다
Our hotel room **overlooked** the sea.
우리 호텔 방에서 바다가 내려다보였다.

④ **oversee** the project 감독하다
Jasmine will **oversee** the project for now.
현재로서는 재스민이 그 프로젝트를 감독할 거예요.

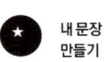 **overlook**(간과하다, 눈감아주다, 내려다보다)과 **oversee**(감독하다)로 내 문장 만들기

1.

2.

3.

day 10 **spec(t)**

어원은 영단어를 잡는 그물 ▶ 여러분, 호수의 물고기를 잡을 때 한꺼번에 많이 잡는 방법이 무엇일까요? 맞아요. 낚시가 아닌 그물을 쳐서 잡아야죠. 그물을 치면 물고기를 많이 잡을 수 있잖아요. '어원'은 영단어를 잡는 그물이랍니다. spec(t) 하나로 5개 단어 낚을 준비 되셨나요?

기본의미 :
보다
(look)

하루 **10분**
강의듣고 감잡기

문덕의 미니강의

앞에(pro-) 보이는 것
→ **pro**spect
n. 전망

눈에 확 띄게 잘 보이는
→ **spec**ial
a. 특별한

특정한 성질을 지녀 눈에 보이는(-fic 형용사형 접미어)
→ **spec**ific
a. 특정한, 구체적인

아래쪽에서(sub-) 눈을 치켜뜨며 바라보다
→ su**spect**
v. 의심하다, ~라고 생각하다
n. 용의자, 혐의자

기다리며 밖을(ex-) 내다보다
→ ex**pect**
v. 기대하다, 예상하다

day 10

❶ the **prospect** of the IT industry 전망
   The prospect of the IT industry is very hopeful.
   IT 산업의 전망이 매우 밝다.

❷ **special** event 특별한
   Is there any **special event**?
   특별한 행사라도 있나요?

❸ be more **specific** 구체적인
   Could you **be more specific**?
   좀 더 구체적으로 말씀해주시겠어요?

❹ I **suspect** that 의심하다
   I suspect (that) Tony loves her.
   나는 토니가 그녀를 사랑하고 있는지 의심스럽다.

❺ **expect** to win 기대하다, 예상하다
   I was not **expecting to win**.
   내가 이길 줄은 몰랐어.

 내 문장 만들기   **prospect**(전망), **special**(특별한), **specific**(구체적인), **suspect**(의심하다), **expect**(예상하다)로 내 문장 만들기

1.

2.

3.

day 11
mind, weigh

한글과 영어의 의미는 통했다 ▶ 영단어의 기본의미를 '구체'와 '추상'으로, '사람'과 '사물'로, '+'와 '−'로 연결해가다 보면 우리말과 비슷하다는 생각이 들 때가 있습니다. 우리말 '저울질하다'가 '무게를 재다'라는 구체적 의미뿐 아니라 '마음속으로 저울질해서 따져보다'라는 추상적 의미로도 쓰이는 것처럼 말이죠. 이렇게 영어 의미와 통하는 '한글도우미'를 살펴볼까요?

하루 10분
강의듣고 감잡기

문덕의
미니강의

mind
기본의미 :
신경 쓰(이)다

[+] 좋은 의미로 **신경을 쓰다**
→ **주의하다**
  mind one's business

[−] 신경이 쓰여 꺼리게 되다
→ **꺼리다 · 삼가다**
  would you *mind* if

weigh
기본의미 :
저울질하다

[구체] 무게를 재기 위해 **저울질하다**
→ **무게가 ~이다 · 무게를 달다**
  weigh 60 *kilograms*

[추상] 마음속으로 **저울질하다**
→ **따져보다 · 신중히 생각하다**
  weigh one's words

day 11

❶ <u>mind</u> one's business 주의하다
   Mind your own business.
   네 일에나 신경 써라.

❷ would you <u>mind</u> if 꺼리다, 삼가다
   Would you mind if I lean back?
   뒤로 기대어도 될까요?

❸ <u>weigh</u> 60 kilograms 무게가 ~이다
   How much do you weigh? → I **weigh 60 kilograms.**
   몸무게가 얼마예요? → 60킬로그램이에요.

❹ <u>weigh</u> one's words 따져보다, 신중히 생각하다
   You must **weigh your words** before speaking.
   말하기 전에 신중히 생각하고 말해야 한다.

 내 문장 만들기 ✏️ *mind*(신경 쓰다, 꺼리다)와 *weigh*(무게가 ~이다, 신중히 생각하다)로 내 문장 만들기

1.
2.
3.

day 12 — viv, vit

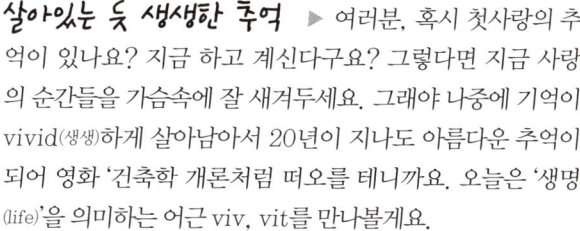

살아있는 듯 생생한 추억 ▶ 여러분, 혹시 첫사랑의 추억이 있나요? 지금 하고 계신다구요? 그렇다면 지금 사랑의 순간들을 가슴속에 잘 새겨두세요. 그래야 나중에 기억이 vivid(생생)하게 살아남아서 20년이 지나도 아름다운 추억이 되어 영화 '건축학 개론'처럼 떠오를 테니까요. 오늘은 '생명(life)'을 의미하는 어근 viv, vit를 만나볼게요.

기본의미 :
생명
(life)

하루 **10분**
강의듣고 감잡기

문덕의 미니강의

기억이 마치 **살아있는** 것 같은
→ **vivid**
a. 생생한, 선명한

생명력 있는, **생명**유지에 필요한
→ **vital**
a. 생기 있는; 필수적인

다시(re-) **살아나다**
→ **revive**
v. 부활하다

한계를 뛰어넘어(sur-⟨super-⟩) **살아남다**
→ **survive**
v. 살아남다

day 12

① ***a vivid memory*** 생생한, 선명한
I have vivid memories of my first love.
나는 내 첫사랑에 대한 생생한 추억을 가지고 있다.

② ***be vital to*** 필수적인
Air is vital to our lives.
공기는 우리 생명에 필수적이다.

③ ***begin to revive*** 부활하다
The economy is beginning to revive.
경제가 회복되기 시작하고 있다.

④ ***cannot survive without*** 생존하다, 살아남다
I cannot survive without an air conditioner.
나는 에어컨 없이는 못 살 것 같아.

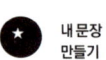 내 문장 만들기   **vivid**(생생한), **vital**(필수적인), **revive**(부활하다), **survive**(생존하다)로 내 문장 만들기

1.

2.

3.

day 13 *board*

비행기나 기차라는 판자 위에 탑승 ▶ board의 기본 의미는 '판자'인데요, 칠판이나 나무판자 뿐 아니라 판자 모양의 것엔 board를 씁니다. 도마는 *cutting board*! 그리고 비행기나 기차에 탑승한다는 의미로도 board를 쓰는데, 옛날엔 탈것들이 모두 판자로 되어 있었기 때문이지요.

기본의미 :
판자

하루 **10분**
강의듣고 감잡기

[구체] 판자
→ **판자**
saw the **board**

[비유] 판자 모양의 것
→ **게시판·칠판**
the bulletin **board**

[비유] 판자 모양의 회의탁자
→ **위원회**
be on the **board**

[비유] 판자 모양의 식탁에 둘러앉아 하는 것
→ **식사**
full **board**

[비유] 이동수단(판자) 위로 오르다
→ **탑승하다·탑승시키다**
board a plane

문덕의
미니강의

❶ **saw the <u>board</u>** 판자
The carpenter **sawed the board** in half.
그 목수는 톱으로 판자를 반으로 잘랐다.

❷ **the bulletin <u>board</u>** 게시판
He attached something to **the bulletin board**.
그는 게시판에 무엇인가를 붙였다.

❸ **be on the <u>board</u>** 위원회
My father **is on the board** of directors.
우리 아버지는 이사회의 일원이시다.

❹ **full <u>board</u>** 식사
Prices include **full board** but not flights.
가격은 세 끼 식사는 포함되지만 비행기는 아닙니다.

❺ **<u>board</u> a plane** 탑승하다
I **boarded the plane** bound for Japan.
나는 일본행 비행기에 탑승했다.

★ 내 문장 만들기 **board**(판자, 게시판, 위원회, 식사, 탑승하다)로 내 문장 만들기

1.

2.

3.

day 14

hum, hom

인간은 땅 위의 동물 ▶ 우리 모두는 human(사람)이지요? 그런데 어원을 따지고 보면 우리가 동물과 같은 종족이라는 사실을 아시나요? hum은 '흙'이라는 의미의 어원으로, human은 '땅위의 동물'을 뜻하죠. 오늘은 hum이라는 우리의 뿌리와 연관된 어원을 공부해봅시다.

기본의미 :
흙(earth)
사람(man)

하루 10분
강의듣고 감잡기

땅 위에 서는 동물
→ **hum**an
a. 인간의
n. 인간, 사람

땅처럼 자신을 낮추는
→ **hum**ble
a. 겸손한; 비천한

자존심을 **땅**으로 떨어뜨리다
→ **hum**iliate
v. 창피를 주다

사람을 죽이는(cid) 일
→ **hom**icide
n. 살인(죄)

땅처럼 낮은 성질(-ity〈~인 성질〉)
→ **hum**ility
n. 겸손

문덕의
미니강의

41

day 14

❶ **human** resources department 인간의
She works in the human resources department.
그녀는 인사부에서 근무해요.

❷ an honest and **humble** person 겸손한
You are an honest and humble person.
당신은 정직하고 겸손한 사람이다.

❸ be **humiliated** 창피를 주다
He was humiliated at the meeting.
그는 그 회의에서 망신을 당했어요.

❹ commit **homicide** 살인(죄)
The youth was caught committing homicide.
그 젊은이는 살인을 저지르다 체포되었다.

❺ a person of great **humility** 겸손
She is a person of great humility.
그녀는 대단히 겸손한 사람이다.

★ 내 문장 만들기 — **human**(인간의), **humble**(겸손한), **humiliate**(창피를 주다), **homicide**(살인), **humility**(겸손)로 내 문장 만들기

1.

2.

3.

day 15

make

여러 가지 의미를 만드는 동사 ▶ make는 '만들다'라는 뜻이지요. 그래서 그런지 make는 다양한 어법을 스스로 만들어낸답니다. 소위 말하는 1형식에서 5형식까지 모두 쓰이니 참 '만드는' 재주 하나는 끝내주는 동사지요. 오늘은 이 make가 의미를 '만드는' 과정을 적나라하게 파헤쳐볼까 합니다.

기본의미 :
만들다

하루 **10분**
강의듣고 감잡기

문덕의
미니강의

[구체] 실제로 만들다
→ **만들다**
 make a film

[구체] 누군가에게 무엇을 만들어주다
→ **만들어주다**
 make the girl a pretty doll

[비유] 스스로를 어떤 인물이나 역할로 만들다
→ **~이 되다**
 make a good wife

[비유] 사람·사물을 어떤 상태로 만들다
→ **~하게 하다**
 make one's wife happy

[비유] 방향을 어느 쪽으로 만들다
→ **향하다**
 make for the door

day 15

① __make a film__ 만들다
   It is impossible to **make a film** on such a small budget.
   그렇게 적은 예산으로 영화를 만들기는 불가능하다.

② __make the girl a pretty doll__ 만들어주다
   Her aunt **made the girl a pretty doll**.
   그녀의 이모가 그 소녀에게 예쁜 인형을 만들어주었다.

③ __make a good wife__ ~이 되다
   She decided to **make a good wife**.
   그녀는 좋은 아내가 되겠다고 결심했다.

④ __make one's wife happy__ ~하게 하다
   The husband pledged to **make his wife happy**.
   그 남편은 자기 아내를 행복하게 만들겠다고 다짐했다.

⑤ __make for the door__ 향하다
   The boy **made for the door**.
   그 소년은 문 쪽으로 향했다.

★ 내 문장 만들기 *make*(만들다, 만들어주다, ~이 되다, ~하게 하다, 향하다)로 내 문장 만들기

1.

2.

3.

day 16 **man**

제조업의 역사를 말한다 ▶ 중세 때의 제조업을 가리켜 '가내 수공업'이라는 표현을 쓰잖아요. 왜 '수공업'이라고 할까요? 네, 제조업이 주로 손(手)으로 이뤄졌기 때문입니다. '발'로 이루어졌다면 '가내 족(足)공업'으로 불렸겠죠. manufacture(제조하다)의 어근 man은 '손'을 가리키는데요, 오늘은 '손'과 관계된 어휘들을 살펴보죠.

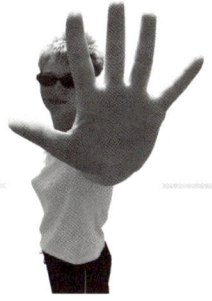

기본의미 :
손
(hand)

하루 10분
강의듣고 감잡기

문덕의
미니강의

손의, 손으로 하는
→ **man**ual
a. 손의, 육체의
n. 안내서, 설명서

손으로 다루는 법
→ **man**ner
n. 방법, 태도; (pl.) 예절

손으로 다루는 사람
→ **man**ager
n. 운영자, 관리자

손으로 만들다(fac)
→ **man**ufacture
v. ~을 제조하다

손으로 다루다
→ **man**ipulate
v. 조작하다, 조종하다

day 16

❶ read a manual 설명서
I'm reading a manual for the digital camera.
저는 디지털카메라 설명서를 읽고 있어요.

❷ have no manners 예절
He has no manners.
그는 예의가 없다.

❸ a general manager 운영자, 관리자
The general manager always speaks in a stiff manner.
그 총지배인은 항상 딱딱한 태도로 말한다.

❹ manufacture an inexpensive automobile ~을 제조하다
He wants to manufacture an inexpensive automobile.
그는 저렴한 자동차를 만들고 싶어 한다.

❺ manipulate public opinion 조작하다
The media can manipulate public opinion.
미디어는 여론을 조작할 수 있다.

★ 내 문장 만들기
manual(설명서), **manners**(예절), **manager**(관리자), **manufacture**(~을 제조하다), **manipulate**(조작하다)로 내 문장 만들기

1.
2.
3.

day 17 **break**

깨는 것이 늘 나쁜 것만은 아니다 ▶ 단어에도 첫인상이 있는데요, break의 첫인상은 '깨다'이니 뭔가 파괴적이고 좀 그렇죠? 하지만 여러분이 선입견을 '깨야 할' 순간이에요. break도 얼마든지 생산적이고 긍정적인 의미로 쓰인답니다. 오늘은 단어에 대한 새로운 생각이 '깨는' 날이에요~.

기본의미 : **깨다**

하루 **10분**
강의듣고 감잡기

[구체] 실제로 깨다
→ **깨다·부수다**
break dishes

[비유] 기계를 깨뜨리다
→ **고장 내다[나다]**
break one's watch

[추상] 중간에 끼어들어 깨다
→ **중단하다**
break one's journey

[+] 닫힌 상태를 깨다
→ **(길을) 열다·개척하다**
break new ground

[추상] 진행되는 일을 끊고 쉬는 것
→ **휴식**(시간)
take a **break**

문덕의 미니강의

day 17

❶ <u>break</u> dishes 깨다, 부수다
His wife often breaks dishes to relieve stress.
그의 아내는 스트레스를 풀기 위해 종종 접시를 깬다.

❷ <u>break</u> one's watch 고장 내다, 고장 나다
I broke my watch when I fell over.
내가 넘어졌을 때 시계가 고장 났다.

❸ <u>break</u> one's journey 중단하다
We broke our journey to Rome at Venice.
우리는 로마까지의 긴 여행을 베니스에서 중단했다.

❹ <u>break</u> new ground (길을) 열다, 개척하다
We are definitely breaking new ground in English education.
우리는 분명히 영어 교육에서 새로운 분야를 개척하고 있다.

❺ <u>take a break</u> 휴식(시간)
Let's take a break.
좀 쉬었다 합시다.

 내 문장 만들기 **break**(깨다, 고장 내다, 중단하다, 개척하다, 휴식)로 내 문장 만들기

1.

2.

3.

day 18 rupt

정치인들은 유리처럼 잘 깨진다 ▶ 도대체 정치를 하면 왜 자꾸 corrupt(부패하다)하게 되는 것일까요? 그건 바로 그런 정치인들의 마음이 유리로 되어 있어서 그런 건 아닐까요. 윗사람의 한 마디에 마음이 쉽게 깨져 쉽게 말 바꾸는 유리 마음이요. 여러분은 공부에 대한 결심 깨지 말고 break의 의미인 rupt 공부해봅시다!

기본의미 :
깨지다, 깨뜨리다
(break)

하루 10분 강의듣고 감잡기

양심이 완전히(cor-〈com-〉) 깨진
→ ## cor**rupt**
a. 부패한

문덕의 미니강의

은행(bank)이 깨진
→ ## bank**rupt**
a. 파산한

어떤 일의 사이(inter-)를 깨다
→ ## inter**rupt**
v. 막다, 방해하다

깨고 멀리(ab-) 가는 모습의
→ ## ab**rupt**
a. 돌연한; 퉁명스러운, 무뚝뚝한

day 18

① **a _corrupt_ institution** 부패한
   The bank is **a corrupt institution**.
   그 은행은 부패한 기관이다.

② **go _bankrupt_** 파산한
   The company **went bankrupt** shortly last week.
   회사가 지난주에 갑자기 파산했다.

③ **sorry to _interrupt_** 막다, 방해하다
   I'm **sorry to interrupt** you.
   방해해서 죄송합니다.

④ **an _abrupt_ end** 돌연한
   Our conversation came to **an abrupt end**.
   우리의 대화는 갑자기 끝났다.

 *corrupt*(부패한), *bankrupt*(파산한), *interrupt*(방해하다), *abrupt*(돌연한)로 내 문장 만들기

1.

2.

3.

day 19 carry

여러 가지 의미의 운반책 ▶ 외래어가 곳곳에 설치고(?) 다니는 요즘, carry는 '캐리어'로 변신하여 마트에도 있고 에어컨 브랜드로도 사용하는 것 같더군요. 이렇게 활동범위가 넓다 보니 그 의미도 여러 가지일 것 같지만 알고 보면 모두 '나르다'라는 의미에서 퍼져 나왔답니다. 오늘은 carry가 얼마나 많은 의미들을 '나르고' 있는지 살펴볼게요.

기본의미 : **나르다**

하루 10분 강의듣고 감잡기

[구체] 실제로 **나르다**
→ **나르다 · 휴대하다**
carry a suitcase

[비유] 병을 사람에게로 **나르다**
→ **병을 옮기다**
carry a disease

[비유] 몸에 지니고 **나르다**
→ **가지고 다니다**
carry much money

[비유] 고객에게 상품을 **나르다**
→ **팔다 · 취급하다**
carry traditional item

[추상] 몸가짐을 **지니다**
→ **처신하다**
carry oneself well

문덕의 미니강의

day 19

❶ **carry a suitcase** 나르다, 휴대하다
   I am **carrying a suitcase**.
   나는 여행 가방 하나를 들고 있어요.

❷ **carry a disease** 병을 옮기다
   A field mouse can **carry a** deadly **disease**.
   들쥐는 치명적인 질병을 옮길 수 있다.

❸ **carry much money** 가지고 다니다
   He **carries much money** on him.
   그는 돈을 많이 가지고 다닌다.

❹ **carry traditional items** 팔다, 취급하다
   The store **carries traditional items** like pottery.
   그 가게는 도자기 같은 전통 상품을 취급한다.

❺ **carry oneself well** 처신하다
   I hope you **carry yourself well** in front of her.
   그녀 앞에서 잘 처신하기를 바래.

★ 내 문장 만들기   ***carry*** (휴대하다, 옮기다, 가지고 다니다, 취급하다, 처신하다)로 내 문장 만들기

1.

2.

3.

day 20 duc(t)

살살 꼬드겨 끌고 가지 마 ▶ 예쁜 여성분들, 남자들이 seduce(유혹하다)할 때 넘어가지 마세요. 타락의 길로 멀리(se) 이끄는(duc) 거니까요. 어서 집에 가서 문덕이와 영어 공부나 하자구요. 그게 춤추는 것보다 훨씬 재미있다니까요. ㅋㅋ 오늘은 duc(t)가 이끌어낸 다양한 단어들을 보여드리겠습니다.

기본의미 :
이끌(어내)다
(lead)

하루 10분 강의듣고 감잡기

안으로(intro-) 이끌어 소개하다
→ **intro**du**ce**
v. 소개하다; (제품을) 선보이다

(능력을) 밖으로(e-⟨ex-⟩) 끌어내다
→ e**duc**ate
v. 교육하다, 가르치다

뒤로(re-) 이끌다
→ re**duce**
v. 줄이다, 낮추다

앞으로(pro-) 끌어내는 것
→ pro**duct**
n. 상품, 생산물

문덕의 미니강의

53

day 20

① <u>introduce</u> A to B 소개하다
Let me introduce a great English teacher to you.
여러분께 훌륭한 영어 선생님 한 분을 소개할게요.

② <u>be educated</u> 교육하다
I was educated in Canada.
나는 캐나다에서 교육받았다.

③ <u>reduce</u> our spending 줄이다, 낮추다
We need to reduce our spending.
우리는 지출을 줄일 필요가 있다.

④ new <u>product</u> 상품, 생산물
This new product is easy to use.
이 신제품은 사용이 편리하다.

★ 내 문장 만들기 — *introduce*(소개하다), *educate*(교육하다), *reduce*(줄이다), *product*(상품)로 내 문장 만들기

1.

2.

3.

day 21 come, bring

알아채기 힘든 커플 관계 ▶ 여러분, come과 bring이 커플이라는 거 알고 계세요? '오다'라는 뜻의 come은 자동사죠. 그런데 come과 커플로서 타동사인 것이 바로 '가져오다'라는 뜻의 bring입니다. 꽃을 가져온다는 건 꽃을 오게 만드는 거니까요. come과 bring의 커플 관계, 저와 함께 파헤쳐 볼까요?

come
기본의미 :
오다

하루 **10분**
강의듣고 감잡기

문덕의
미니강의

[구체] 오다
→ **오다**
come back home

[구체] 상대방 쪽 기준에서 **오다**
→ **가다**
come to you

[비유] 어떤 일이나 사건이 **와서** 발생하다
→ **일어나다·발생하다**
the accident **come** about

bring
기본의미 :
가지고 오다

[구체] 가지고 오다
→ **가져오다**
bring A to B

[비유] 어떤 상황이 **오게** 만들다
→ **초래하다**
bring about a change

day 21

❶ <u>come back home</u> 오다
My dad will **come back home** in a week.
우리 아빠는 일주일 있으면 집에 돌아오실 것이다.

❷ <u>come to you</u> 가다
I will **come to you** soon for your advice.
당신의 조언이 필요하니 곧 당신께 갈게요.

❸ <u>the accident come about</u> 일어나다, 발생하다
How did **the accident come about**?
어떻게 사고가 일어났나요?

❹ <u>bring A to B</u> 가지고 오다
I have **brought** some flowers **to** you.
당신께 꽃을 좀 가지고 왔어요.

❺ <u>bring about a drastic change</u> 초래하다
Mr. Moon **brought about a drastic change** in our office.
Mr. Moon이 우리 사무실에 엄청난 변화를 가져왔다.

★ 내 문장 만들기  **come**(오다, 가다, 발생하다)과 **bring**(가지고 오다, 초래하다)으로 내 문장 만들기

1.

2.

3.

day 22

ven(t)

시저와 함께 왔노라 ▶ 로마 제국의 황제였던 시저를 아시나요? 네? 술집 이름으로 아신다구요? ㅋㅋ 시저는 워낙 유명한 장군이자 황제라서 어록도 화려한데요. 아마 그중에서도 가장 널리 알려진 말이 바로 '왔노라, 보았노라, 이겼노라'가 아닐까 싶어요. 오늘은 그 중에서 '왔노라'의 의미를 품고 있는 ven(t)란 어원을 만나볼게요.

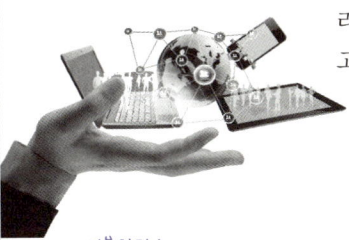

기본의미 :
오다
(come)

하루 10분
강의듣고 감잡기

문덕의
미니강의

새로운 물건이 세상 안으로(in-) 오다
→ **invent**
v. 발명하다

가까이(ad-) 온 위험 섞인 일
→ **adventure**
n. 모험, (pl) 모험담

먼저(pre-) 와서 막다
→ **prevent**
v. 막다, 예방하다

함께(con-〈com-) 와서 모임
→ **convention**
n. 집회, 모임; 관습

함께(con-) 와 있어 편리한
→ **convenient**
a. 편리한, 알맞은

day 22

❶ **invent** a **tool** 발명하다
Who **invented** this amazing **tool**?
누가 이 놀라운 도구를 발명했나요?

❷ **be full of** **adventure** 모험
This film **is full of** amazing **adventure**.
이 영화는 놀라운 모험으로 가득하다.

❸ **prevent** A **from** -ing 막다
The vaccination will **prevent** the influenza **from** spread**ing**.
백신은 독감이 퍼지는 것을 막아줄 것이다.

❹ **at the** **convention** 모임, 집회
We had a great old time **at the convention**.
우리는 모임에서 즐거운 시간을 가졌다.

❺ **be** **convenient** **for** 편리한
When will it **be convenient for** you?
언제가 편하시겠습니까?

★ 내 문장 만들기   *invent*(발명하다), *adventure*(모험), *prevent*(막다), *convention*(모임), *convenient*(편리한)로 내 문장 만들기

1.
2.
3.

day 23

go

겨울왕국이 만든 2014년 최고의 동사 ▶ 영화 〈겨울왕국〉 보셨나요? 영화뿐 아니라 노래도 엄청난 인기를 끌었죠. 어린아이들도 다 아는 「Let it go」 말이에요. 어쩌면 2014년 최고의 동사는 go가 아닐까 싶은데요. 오늘은 이 뜨거운 단어 go를 알아볼까 합니다. 과연 let it go에서의 go는 어떤 의미일까 생각하며 오늘 강의 집중하여 잘 들어보세요.

기본의미 :
가다

하루 10분
강의듣고 감잡기

문덕의
미니강의

[구체] 가다
→ **가다**
   go to church

[구체] 어디로 **가기** 위해 떠나다
→ **출발하다**
   be **go**ing now

[구체] 구체적인 목적으로 **가다**
→ **~하러 가다**
   go shopping

[비유] 멀리 **가서** 사라지다
→ **사라지다**
   let it **go**

[추상] 변해 **가다**
→ **~한 상태가 되다**
   go bad

day 23

mp3

❶ **go to church** 가다
I **go to church** every Sunday.
나는 매주 일요일에 교회에 간다.

❷ **be going now** 출발하다
It's too late. I have to **be going now**.
너무 늦었네요. 이제 가봐야겠어요.

❸ **go shopping** ~하러 가다
How about **going shopping** this weekend?
이번 주말에 쇼핑하러 가는 거 어때요?

❹ **let it go** 사라지다
Her explanation didn't satisfy me, but I **let it go**.
그녀의 설명이 납득이 되지 않았지만 나는 그냥 넘겼다.

❺ **go bad** ~한 상태가 되다
Let's eat it up before it **goes bad**.
상하기 전에 모두 먹어치우자.

★ 내 문장 만들기   **go**(가다, 출발하다, ~하러 가다, 사라지다, ~한 상태가 되다)로 내 문장 만들기

1.

2.

3.

day 24 — ceed, cess

성공해서 높은 자리로 올라갈 테야 ▶ '성공'이란 무엇일까요? 현재의 지위나 상황보다 더 높은 곳으로 올라가는 것 아닐까요? '성공하다'를 의미하는 succeed가 그렇게 설명해준답니다. succeed는 '아래에서'를 의미하는 접두어 suc와 '가다'라는 의미의 어근 ceed로 만들어졌거든요. 오늘은 '가다'와 관계된 단어들을 배워보겠습니다.

기본의미 :
가다
(go)

하루 **10분**
강의듣고 감잡기

문덕의
미니강의

아래에서(suc-⟨sub-⟩) 높은 자리로 **가다**
→ **suc****ceed**
v. 성공하다

가까이(ac-⟨ad-⟩) **가는 것**
→ **ac****cess**
n. 접근, 접속

앞으로(pro-) **가는 것**
→ **pro****cess**
n. 과정, 절차

필요하기 때문에 **가면** 안 되는(ne-)
→ **ne****cess****ary**
a. 필요한, 없어서는 안 될

한계를 넘어 밖으로(ex-) **가는**
→ **ex****cess****ive**
a. 지나친, 과도한

day 24

❶ **succeed** in life 성공하다
You need courage and patience to succeed in life.
인생에서 성공하기 위해서는 용기와 인내가 필요하다.

❷ gain **access** to 접근
He could gain access to the club.
그는 그 나이트클럽에 입장할 수 있었다.

❸ repeat the **process** 과정, 절차
Repeat this process five times in all.
이 과정을 총 5번 반복해라.

❹ It is **necessary** to 필요한
It is necessary to help each other.
서로 도울 필요가 있다.

❺ **excessive** drinking 지나친, 과도한
Excessive drinking is bad for your health.
과음은 건강에 좋지가 않습니다.

★ 내 문장 만들기 — **succeed**(성공하다), **access**(접근), **process**(과정), **necessary**(필요한), **excessive**(지나친)로 내 문장 만들기

1.
2.
3.

day 25 get

선물을 얻어서 행복해졌어 ▶ get up에서 get이 어떤 역할을 하는지 생각해본 적 있나요? get은 어떤 상태가 되도록 유도하는 동사랍니다. get up은 누워있던 몸을 위로 향하는 상태가 되도록 하는 거니까 '일어나다'의 의미가 되는 거죠. 이밖에도 이런 저런 상태로 유도하는 get의 역할을 지금부터 설명 드리겠습니다.

하루 10분
강의듣고 감잡기

기본의미 :
얻게 되다

문덕의
미니강의

[구체] 실제로 **얻게 되다**
→ ## 얻다·획득하다
get some new clothes

[추상] 지식 등을 **얻게 되다**
→ ## 이해하다
get it right

[비유] 장소 등을 **갖게 되다**
→ ## 도착하다
get there

[비유] 어떤 상태를 자신의 것으로 **갖게 되다**
→ ## ~하게 되다
get up early

day 25

❶ <u>get</u> some new clothes 얻다
I **got some new clothes** for my birthday.
생일 선물로 새 옷을 받았다.

❷ <u>get</u> it right 이해하다
This is a great book, if I **get it right**.
내가 제대로 이해한 것이라면 이것은 대단한 책이다.

❸ <u>get</u> there 도착하다
It takes less than 10 minutes to **get there**.
그 곳에 도착하는 데 10분도 채 안 걸린다.

❹ <u>get</u> up early ~하게 되다
I make a point of **getting up early**.
나는 일찍 일어나는 것을 습관으로 하고 있다.

 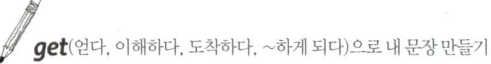

get(얻다, 이해하다, 도착하다, ~하게 되다)으로 내 문장 만들기

1.

2.

3.

day 26 — mov, mot

마음을 움직여 행동하게 하라 ▶ 부모들은 자녀에게 공부 열심히 하라고 잔소리하지만 '씨알'도 안 먹히는 경우가 많지요. motive라는 단어의 어원을 한번 생각해 보아야 풀릴 문제인지도 모릅니다. 공부하라고 그냥 밀어붙이기보다는 마음을 움직이는(mot) 동기부여가 중요하잖아요. 움직임을 어원으로 하는 단어들, 하나하나 살펴봅시다.

기본의미 :
움직이다
(move)

하루 10분 강의듣고 감잡기

문덕의 미니강의

마음을 움직여 행동하게 하는 것
→ **mot**ive
n. 동기, 목적

몸을 움직이는 것
→ **mot**ion
n. 운동, 몸짓

몸이나 마음을 움직이다
→ **mov**e
v. 움직이다; 감동시키다

앞으로(pro-) 움직이게 하다
→ pro**mot**e
v. 장려하다, 촉진하다

day 26

❶ the <u>motive</u> of one's crime 동기, 목적
The police are investigating the motive of his crime.
경찰이 그의 범죄 동기를 조사하고 있다.

❷ in slow <u>motion</u> 몸짓
Jiyeon shook her head in slow motion.
지연이는 머리를 느리게 흔들었다.

❸ cannot <u>move</u> 움직이다
I am so full, I can't move.
너무 배가 불러서 움직일 수가 없어.

❹ <u>promote</u> a new product 장려하다
Advertising is the act of promoting a new product.
광고는 신제품을 판촉하는 행위이다.

 내 문장 만들기

motive(동기), *motion*(몸짓), *move*(움직이다), *promote*(장려하다)로 내 문장 만들기

1.
2.
3.

day 27 hold

한번 잡으면 놓지 않는다 ▶ hold 하면 어떤 의미가 생각나세요? 학생들에게 물어보면 열 명 중 아홉 명은 '잡다'라고 대답하더군요. '잡다'라니 No! No! 적어도 '잡고 있다' 정도로는 알고 있어야 hold의 다양한 의미를 습득하기 쉬워집니다. 오늘은 hold의 정확한 의미와 의미변화를 알아보죠.

기본의미 : **잡고 있다**

하루 10분 강의듣고 감잡기

문덕의 미니강의

[구체] 실제로 **잡고 있다**
→ **쥐고 있다·잡고 있다**
hold each other

[추상] 어떤 상태를 **계속 쥐며** 유지하다
→ **지속하다**
hold good

[비유] 내용물을 담아서 **잡고 있다**
→ **담다·수용하다**
hold five people

[추상] 모임·행사를 주최자로서 **움켜쥐고 있다**
→ **개최하다**
hold a meeting

[추상(-)] 움직이지 못하게 **잡고 있다**
→ **억제하다**
hold one's tongue

day 27

❶ **hold each other** 잡고 있다
The lovers **held each other** close.
그 연인들은 서로를 꼭 껴안고 있었다.

❷ **hold good** 지속하다
This concert ticket still **holds good**.
이 콘서트 표는 아직도 유효하다.

❸ **hold five people** 수용하다
This car can **hold five people**.
이 차는 다섯 사람이 탈 수 있다.

❹ **hold a meeting** 개최하다
We **held an** extraordinary **meeting**.
우리는 임시회의를 열었다.

❺ **hold one's tongue** 억제하다
He wanted to criticize, but he **held his tongue**.
그는 비판을 하고 싶었지만, 말을 참았다.

★ 내 문장 만들기  *hold*(잡고 있다, 유효하다, 수용하다, 개최하다, 억제하다)로 내 문장 만들기

1.

2.

3.

day 28 *tain*

면허증은 노력해서 잡은 결과물 ▶ 운전면허증 있으세요? 저 문덕이는 있어요. ㅎㅎ 면허증을 땄다고 할 때 obtain을 쓰는데요, 여기서 어원 tain이 '잡다'는 뜻이에요. 무엇에 대해 노력해서 잡는다는 의미에서 '얻다, 획득하다'가 된 거죠. 그럼 tain이 잡고 있는 다른 단어들도 살펴볼까요?

기본의미 :
잡고 있다
(hold)

하루 **10**분
강의듣고 감잡기

함께(con-) 쥐고 있다
→ **con*tain***
v. 포함하다, ~이 들어 있다

사람들을 사이(enter-⟨inter-⟩)에서 붙잡고 즐겁게 해주다
→ **enter*tain***
v. 즐겁게 해주다; 대접하다

~에 대해(ob-) 노력하여 잡다
→ **ob*tain***
v. 얻다, 획득하다

손(man)으로 계속 쥐고 있다
→ **main*tain***
v. 유지하다, 지속하다

아래에서(sus-⟨sub-⟩) 쥐고 있다
→ **sus*tain***
v. 지탱하다; (피해를) 입다

문덕의
미니강의

day 28

① <u>contain</u> a lot of salt ~이 들어 있다
Instant noodles **contain a lot of salt**.
라면에는 많은 소금이 들어 있다.

② <u>entertain</u> someone with jokes 즐겁게 해주다
The teacher always **entertains us with jokes** for 15 minutes.
그 선생님은 항상 농담으로 15분간 우리를 즐겁게 해주신다.

③ <u>obtain</u> a driver's license 얻다, 획득하다
I don't know exactly how to **obtain a driver's license**.
나는 어떻게 운전면허증을 따는지 정확히 모른다.

④ <u>maintain</u> security 유지하다
I'm able to **maintain security**.
나는 보안을 유지할 수 있다.

⑤ <u>sustain</u> one's economy 지탱하다
Savings are important to **sustain our economy**.
저축은 우리 경제를 유지하기 위해 중요하다.

★ 내문장 만들기 — **contain**(~이 들어 있다), **entertain**(즐겁게 해주다), **obtain**(얻다), **maintain**(유지하다), **sustain**(지탱하다)으로 내 문장 만들기

1.

2.

3.

day 29 *take*

최강의 다의어를 취하자 ▶ 세상에서 가장 뜻이 많은 영단어는 무엇일까요? 의미가 많다고 동네방네 소문난 단어들끼리 다의어 콘테스트를 해보았더니 금메달은 바로 50개 이상의 의미를 가진 take가 차지했답니다. 오늘은 take의 많은 의미들을 한꺼번에 잡아봅시다.

기본의미 :
(잡아) 취하다

하루 10분 강의듣고 감잡기

문덕의 미니강의

[구체] 약이나 음식을 섭취하다
→ ## 섭취하다·복용하다
***take** medicine*

[구체] 누군가로부터 받아 **취하다**
→ ## 받다
***take** advice*

[추상] 얼마의 시간을 **취하다**
→ ## 시간이 걸리다
***take** 15 minutes*

[추상] 온도계가 열을 **취하여** 눈금이 올라가다
→ ## (온도를) 재다·측정하다
***take** one's temperature*

[구체] 어떤 것을 **취하여** 특정한 방향으로 가다
→ ## 데리고 가다
***take** A to B*

day 29

❶ **take** medicine 섭취하다, 복용하다
   I **took medicine** for my severe cough.
   나는 심한 기침에 대해 약을 먹었다.

❷ **take** advice 받다
   I'll **take advice** on English vocabulary from you.
   나는 당신에게서 영어 어휘에 대한 충고를 받아들일게요.

❸ **take** 15 minutes 시간이 걸리다
   It **takes** just **15 minutes** to go there.
   거기까지 가는 데 15분밖에 안 걸린다.

❹ **take** one's temperature (온도를) 재다
   The nurse **took my temperature**.
   간호사는 나의 체온을 쟀다.

❺ **take** A to B 데리고 가다
   My parents **took** me **to** a nearby hospital.
   부모님이 나를 근처 병원으로 데리고 갔다.

 내 문장 만들기 **take**(받다, 섭취하다, 시간이 걸리다, 재다, 데리고 가다)로 내 문장 만들기

1.

2.

3.

day 30 **sum**

영어공부, 다시 시작하는 거야 ▶ 이 책으로 영어공부를 다시 시작하시는 분들, 계시죠? 여러분이 지금 하고 계시는 것이 바로 resume(다시 시작하다)이랍니다. resume에 들어있는 sum이란 어원은 '잡다'를 의미하는데요. 왜 우리말에서도 '오랜만에 영어 책을 다시 잡았네'라고 표현할 때가 있잖아요. 모두 영어책 다시 잡으셨나요? 그럼 Go Go~

기본의미 :
잡다, 취하다
(take)

하루 10분
강의듣고 감잡기

문덕의 미니강의

다시(re-) 잡다
→ **resume**
v. 다시 시작하다, 재개하다

어떤 것을 가까이(as-<ad-) 잡다
→ **assume**
v. 가정하다; (일·책임을) 맡다

완전히(con-<com-) 취하여 먹어버리다
→ **consume**
v. 소비하다

잡아서 밖으로(ex-) 빼낸 상태의
→ **exempt**
a. 면제된

day 30

❶ **resume** on May 20 재개하다
This service will **resume** on May 20.
이 서비스는 5월 20일부터 재개됩니다.

❷ **assume** that he is guilty 가정하다
I **assume** that he is guilty.
나는 그가 유죄라고 생각한다.

❸ **consume** alcohol 소비하다
Only adults can buy and **consume** alcohol.
성인들만이 술을 사고 소비할 수 있다.

❹ be **exempt** from 면제된
Some students **are exempt from** certain exams.
일부 학생들은 특정 시험을 면제받는다.

내 문장 만들기 — **resume**(재개하다), **assume**(가정하다), **consume**(소비하다), **exempt**(면제된)로 내 문장 만들기

1.

2.

3.

day 31 — *see, look, watch*

이제야 의미가 보인다 ▶ 우연히 가수 보아를 보았다면 영어로 어떻게 표현할지 한번 해 보아~~요!! 헤헤. 일단 see, look, watch가 떠오르지만 사실 선뜻 어떤 동사를 써야 할지 망설여지죠. 회화 위주로 하지 않은 우리나라 영어교육 때문이라구요? 오우 NO!! 어휘가 문제랍니다. 왜냐고요? 궁금하면 강의에 집중! ^^

하루 10분 강의듣고 감잡기

see
기본의미 : **보다**

[구체] 눈을 뜨고 있는 상태에서 의식하지 않아도 저절로 시야에 들어와 **보이다**

→ (보여서) **보다**
see a famous singer

문덕의 미니강의

look
기본의미 : **보다**

[구체] 눈을 돌려서 의식적으로 대상을 **보다**

→ **쳐다보다**
look at the camera

watch
기본의미 : **보다**

[구체] 움직이는 대상을 유심히 계속 **보다**

→ **지켜보다**
watch the singer

[비유(−)] 상대의 행동에 의심을 품고 **보다**

→ **감시하다**
keep *watching*

day 31

① **see** *a famous singer* 보다
I **saw a famous singer** on the streets yesterday.
나는 어제 유명한 가수를 거리에서 보았다.

② **look** *at the camera* 쳐다보다
Look at the camera and say "cheese."
카메라 보시고 웃으세요.

③ **watch** *the singer* 지켜보다
I **watched the singer** cross the street.
나는 그 가수가 길을 건너는 것을 지켜보았다.

④ **keep watching** 감시하다
The bodyguard of the singer **kept watching** me.
그 가수의 경호원은 나를 계속 감시했다.

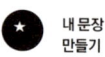 

see(보다), ***look***(쳐다보다), ***watch***(지켜보다, 감시하다)로 내 문장 만들기

1.

2.

3.

day 32 — vis, vid

시저와 함께 보았노라 ▶ 로마황제 시저의 어록 '왔노라, 보았노라, 이겼노라' 기억나죠? 오늘은 그 두 번째로 vis의 차례입니다. vis는 '보다'라는 뜻의 어원으로 television에도 들어있고, 위에서 내려다보며 감시한다는 느낌을 풍기는 supervise(감독하다)에도 들어있답니다. 확인해볼까요?

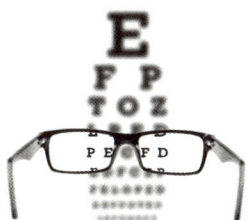

기본의미:
보다
(look)

하루 10분
강의듣고 감잡기

문덕의
미니강의

눈으로 보는
→ **vis**ual
a. 시각의, 시력의

우리의 눈에 보이는(-ible 수동의 접미어)
→ **vis**ible
a. (눈에) 보이는, 명백한

~에게(ad-) 보여주다
→ ad**vise**
v. 충고하다

위에서(super-) 쳐다보다
→ super**vise**
v. 감독하다

앞으로(pro-) 내주어 보이게 하다
→ pro**vid**e
v. 제공하다, 공급하다

day 32

❶ **visual effects** 시각의
The movie has excellent visual effects.
그 영화는 시각적 효과가 뛰어나다.

❷ **be clearly visible** (눈에) 보이는
The moon is clearly visible from the window.
창밖으로 달이 또렷이 보인다.

❸ **advise him to do** 충고하다
I advised him to see a doctor.
나는 그에게 병원에 가보라고 충고했다.

❹ **supervise the work** 감독하다
The manager always supervises the work of his staff.
그 매니저는 자기 직원들의 업무를 항상 감독한다.

❺ **provide A with B** 제공하다
He provides the students with useful lectures.
그는 학생들에게 유용한 강의를 제공했다.

내 문장 만들기 — **visual**(시각의), **visible**(눈에 보이는), **advise**(충고하다), **supervise**(감독하다), **provide**(제공하다)로 내 문장 만들기

1.

2.

3.

day 33

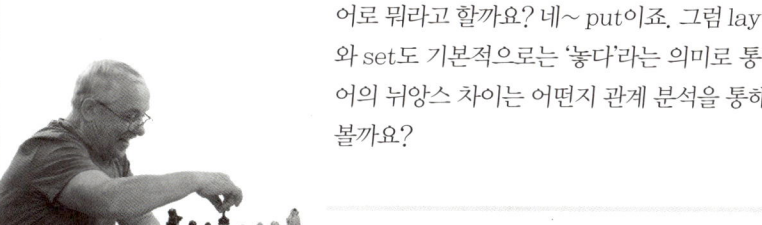
put, lay, set

놓기는 놓는데 뭔가가 달라 ▶ 어떤 사물을 '놓다'를 영어로 뭐라고 할까요? 네~ put이죠. 그럼 lay랑 set은요? lay와 set도 기본적으로는 '놓다'라는 의미로 통하는데요, 세 단어의 뉘앙스 차이는 어떤지 관계 분석을 통해 제대로 확인해 볼까요?

하루 10분
강의듣고 감잡기

문덕의
미니강의

put
기본의미 :
놓다

→ [구체] 실제로 내려놓다
놓다·두다·넣다
put ~ on the desk

lay
기본의미 :
눕히듯 놓다

→ [구체] 실제로 눕히듯이 놓다
눕히다·내려놓다
lay A on the table

set
기본의미 :
제자리에 놓다

→ [구체] 실제로 제자리에 차려놓다
차리다
set the table

→ [비유] 시계 바늘을 제자리에 놓다
(시계를) 맞추다
set one's watch

→ [추상] 조직·기록 등이 자리를 잡도록 놓다
세우다
set a new record

day 33

① **put** - on the desk 놓다
I **put** the book **on the desk**.
나는 책상 위에 그 책을 놓았다.

② **lay** A on the table 내려놓다
He slowly **laid** his cards **on the table**.
그는 천천히 그의 카드를 테이블에 내려놓았다.

③ **set** the table 차리다
Sweep the floor and **set the table**.
마루를 쓸고 상을 차려라.

④ **set** one's watch (시계를) 맞추다
You need to **set your watch** to local time.
시계를 현지 시간으로 맞추어야 한다.

⑤ **set** a new world record 세우다
The Korean team **set a new world record** in 2014.
한국 팀이 2014년에 새로운 세계 신기록을 세웠다.

1.

2.

3.

day 34
sid, sess

대통령은 맨 앞에 앉는 사람 ▶ 누군가는 대통령을 '청와대 임차인'이라고 하던데, 5년 전세만 가능하니 틀린 말도 아니지요. ㅋㅋ 미국사람들은 대통령을 president라고 하는 걸 보면 '맨 앞에 앉아 있는 사람'이라고 생각했나 봅니다. 대통령이든 회장이든 최고 상석에 앉으니까 말 되지요. 오늘은 '앉다'를 의미하는 어근 sid, sess에 대해 알아봅시다.

기본의미 :
앉다
(sit)

하루 10분
강의듣고 감잡기

문덕의
미니강의

회의 때 앞(pre-) 자리에 **앉아** 있는 사람
→ **pre**sid**ent**
n. 대통령, (기업) 회장

뒤로(re-) 눌러 **앉다**
→ **re**side
v. 살다, 거주하다

아래로(sub-) 가라앉다
→ **sub**side
v. 가라앉다

의사당에 **앉아** 있는 시간
→ **sess**ion
n. (의회의) 회기

81

day 34

❶ the **president** of France 대통령
The president of France will visit Korea.
프랑스 대통령이 한국을 방문할 것이다.

❷ **reside** abroad 거주하다
He has **resided abroad** since 2010.
그는 2010년 이래로 해외에 거주하고 있다.

❸ storm **subside** 가라앉다
They waited until the **storm subsided**.
그들은 폭풍이 가라앉을 때까지 기다렸다.

❹ the regular **session** (의회의) 회기
The regular session of the National Assembly will open next week.
국회의 정기국회는 다음 주에 시작할 것이다.

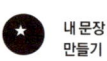 내 문장 만들기 **president**(대통령), **reside**(거주하다), **subside**(가라앉다), **session**(회기)으로 내 문장 만들기

1.

2.

3.

day 35

command

나의 언변으로 너를 지배할 테다 ▶ command의 중심 의미는 '지배하다'인데요. 지배하는 대상이 사람이면 '명령하다', 기술이나 능력이면 '자유자재로 구사하다'가 된답니다. 그밖에 또 무엇을 지배해서 의미를 만들어내는지 지금부터 자세히 설명해드릴게요. 깜짝 놀랄만한 의미들도 있으니까 강의 열심히 따라오세요! ^^

기본의미 :
지배하다

하루 **10분**
강의듣고 감잡기

문덕의
미니강의

[구체] 사람을 손아귀에 넣고 **지배하다**
→ **명령하다**
command one's men to advance

[비유] 경치를 **지배하다**
→ (경치를) **선보이다**
command a fine view

[추상] 언어를 자기 마음대로 **지배하는** 것
→ (언어) **구사 능력**
have a good **command** of

[추상] 마음을 **지배해** 당연하게 받아들이다
→ **~을 받을 만하다**
command a good price

83

day 35

❶ **command** one's men to advance 명령하다
   He **commanded** his men to advance.
   그는 부하들에게 진군을 명령했다.

❷ **command** a fine view 선보이다
   The hotel **commands** a fine view.
   그 호텔은 멋진 전망을 선보인다.

❸ have a good **command** of (언어) 구사 능력
   I **have a good command of** Chinese.
   나는 중국어를 능통하게 한다.

❹ **command** a good price ~을 받을 만하다
   His house **commands** a good price.
   그의 집은 좋은 값을 받을 만하다.

 내 문장 만들기   **command**(명령하다, 선보이다, 구사 능력, ~을 받을 만하다)로 내 문장 만들기

1.

2.

3.

day 36 sta(t)

이순신 장군은 광화문에 서계신다 ▶ 저는 광화문 네거리를 지날 때마다 마음이 아픈데요, 항상 다리 아프게 서계시는 이순신 장군 때문입니다. '동상'이라는 뜻의 statue 속에 '서다'라는 의미의 어원 stat가 들어 있기 때문에 서계시는 걸까요? ㅎㅎ 이순신 장군을 생각하며 stat 시작해봅시다.

기본의미 :
서다, 세우다
(stand)

하루 **10분**
강의듣고 감잡기

서있는 것
→ **stat**ue
n. 상(像), 조각상

서있는 곳
→ **stat**ion
n. 역, 정거장

떨어져(dis-) 서있음
→ di**st**ance
n. 거리

단단히 서있는
→ **sta**ble
a. 안정된, 견고한

안에(in-) 준비되어 서있는
→ in**sta**nt
a. 즉각적인, 인스턴트의

day 36

① **the <u>statue</u> of Venus de Milo** 상(像), 조각상
The statue of Venus de Milo is in Paris.
밀로의 비너스 상은 파리에 있다.

② **subway <u>station</u>** 역
Where is the nearest subway station?
가장 가까운 지하철역이 어디죠?

③ **in the <u>distance</u>** 거리
We saw lights in the distance.
저 멀리 불빛이 보였다

④ **a <u>stable</u> job** 안정된
My mother wants me to have a more stable job.
어머니는 내가 좀 더 안정된 직장을 갖기를 원하신다.

⑤ **sale of <u>instant</u> food** 인스턴트의
Sales of instant food grew 50% compared to a year ago.
인스턴트식품의 판매가 1년 전에 비해 50% 증가했다.

★ 내 문장 만들기 — *statue*(조각상), *station*(역), *distance*(거리), *stable*(안정된), *instant*(인스턴트의)로 내 문장 만들기

1.

2.

3.

day 37 *deliver*

자장면도 내보내고 아기도 내보낸다 ▶ deliver의 기본 의미는 뭔가를 '안에서 밖으로 내보내다'입니다. 자장면을 내보내면 '배달하다'가 되고, 마음속 말을 내보내면 '연설하다', 권력 안에 있던 것을 내보내면 '해방하다', 자궁 속의 아이를 내보내면 '분만하다'가 되는 거죠. 오늘은 이렇게 중요한 단어 deliver를 집중 연구해보도록 할게요.

기본의미 :
밖으로 내보내다

하루 **10분**
강의듣고 감잡기

문덕의
미니강의

[구체] 실제로 **밖으로 내보내다**
→ ## 배달하다
be **delivered**

[추상] 하고 싶은 말을 **밖으로 내보내다**
→ ## 연설하다
deliver a speech

[비유] 권력 안에 있던 것을 **밖으로 내보내다**
→ ## 구해내다
deliver him of all his fears

[비유] 자궁속의 아이를 **밖으로 내보내다**
→ ## 분만시키다·분만하다
deliver a baby

day 37

❶ be <u>delivered</u> 배달하다
Can this be delivered before Friday?
이거 금요일 전까지 배달될까요?

❷ <u>deliver</u> a speech 연설하다
Mr. Moon delivered a speech at a high school.
문씨는 고등학교에서 연설을 했다.

❸ <u>deliver</u> him of all his fears 구해내다
We delivered him of all his fears.
우리는 그의 모든 두려움에서 그를 구해냈다.

❹ <u>deliver</u> a baby 분만하다
My sister delivered her 3rd baby.
내 여동생은 셋째 아이를 낳았다.

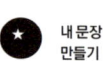 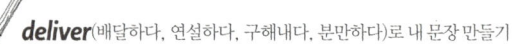

1.

2.

3.

day 38 claim

독도는 우리 땅이라고 소리쳐 주장하자 ▶ 여러분, 우리 민족이 원래 정이 많아서 남을 쉽게 미워하지는 않는 참 '부드러운' 민족성을 가지고 있는 것 아시죠? 그런데 일본 정치인들의 행태, 특히 우리의 독도를 자기네 땅이라고 claim(주장)하는 것을 보면 정말 화가 납니다. 그런 의미에서 claim의 실체를 제가 오늘 완전히 해부해드릴게요.

기본의미 :
외치다
(cry)

하루 **10**분
강의듣고 감잡기

문덕의
미니강의

자기 것이라고 외치다
→ **claim**
n. (돈, 권리 등) 요구하다, 주장하다

돌려달라고(re-) 외치다
→ **reclaim**
v. 돌려달라고 요구하다, 되찾다

~에게(ac-〈ad-) 소리치다
→ **acclaim**
v. 환호하다, 갈채하다

소리를 앞으로(pro-) 내다
→ **proclaim**
v. 선언하다, 공표하다

day 38

❶ <u>claim</u> Dokdo as their territory 주장하다
The Japanese government has claimed Dokdo as their territory.
일본 정부는 독도를 자기네 영토라고 주장한다.

❷ <u>reclaim</u> one's wallet 되찾다
I reclaimed my wallet at a lost-and-found center.
분실물 보관소에서 내 지갑을 찾았다.

❸ be <u>acclaimed</u> as the best 환호하다
She was acclaimed as the best figure skater.
그녀는 최고 피겨 스케이팅 선수로 격찬을 받았다.

❹ <u>proclaim</u> one's opinion 공표하다
The teacher proclaimed his opinion on English vocabulary.
그 선생님은 영어 어휘에 대한 자신의 생각을 공표했다.

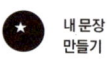

★ 내 문장 만들기 — *claim*(주장하다), *reclaim*(되찾다), *acclaim*(환호하다), *proclaim*(공표하다)으로 내 문장 만들기

1.
2.
3.

day 39 **charge**

자꾸 짐을 지우면 고소할 테닷! ▶ charge의 중심의미는 짐을 '싣다, 지우다'입니다. 검사가 피고에게 혐의를 실으면 '고소하다'가 되고 배터리에 전기를 실어 채우면 '충전하다'가 되는 거죠. 또 누군가 내게 식사비용에 대한 짐을 지우면 돈을 '청구하다'가 됩니다. 오늘은 영어의 많은 비밀을 풀어주는 중요 단어, charge에 대해 함께 살펴보죠.

기본의미 : 짐을 채워 싣다, 짐을 지우다

하루 10분 강의듣고 감잡기

문덕의 미니강의

[비유] 남에게 금전상의 **짐을 지우다**
→ **(요금을) 청구하다**
charge me 30,000 won

[추상] 일, 책임의 **짐을 지우다**
→ **(의무·책임 등을) 지우다**
be *charged* with the task

[추상] 혐의의 **짐을 남에게 지우다**
→ **고소하다·비난하다**
be *charged* with theft

[비유] 배터리에 전기를 **실어 채우다**
→ **충전하다·장전하다**
charge the battery

day 39

① ***charge* me 30,000 won** 청구하다
He charged me 30,000 won for the service.
그는 서비스에 대해 나에게 30,000원을 청구했다.

② ***charge* someone with a task** (의무, 책임 등을) 지우다
He was charged with the hard task.
그는 힘든 임무를 부여받았다.

③ ***charge* someone with theft** 고소하다
He was charged with theft.
그는 절도혐의로 고소를 당했다.

④ ***charge* the battery** 충전하다
She forgot to charge the battery.
그녀는 배터리 충전하는 걸 깜빡했다.

★ 내 문장 만들기    ***charge***(청구하다, 책임지우다, 고소하다, 충전하다)로 내 문장 만들기

1.

2.

3.

day 40 miss, mit

멀리 보내버리겠다면 해고하겠단 얘기? ▶ 직장인들이 가장 끔찍하게 생각하는 단어는 dismiss(해고하다)가 아닐까 싶은데요. dismiss는 '멀리'를 뜻하는 dis-와 '보내다'를 뜻하는 miss가 결합된 단어입니다. 멀리 보낸다면 출장이려니 생각 말고 긴장해야 할지도 모르겠네요. ㅎㅎ

하루 10분 강의듣고 감잡기

기본의미:
보내다
(send)

문덕의 미니강의

잡지 못하고 보내다
→ **miss**
v. 놓치다; 그리워하다

사람을 보냄
→ **miss**ion
n. 임무; 파견단

멀리(dis-) 보내다
→ dis**miss**
v. 해고하다; 무시하다

보내는 물체
→ **miss**ile
n. 미사일

막지 않고 ~로(ad-) 보내다
→ ad**mit**
v. 인정하다, 시인하다

day 40

❶ <u>miss</u> **the train** 놓치다
I missed the train by one minute.
나는 일 분 차이로 기차를 놓쳤다.

❷ **a highly dangerous** <u>mission</u> 임무
This is **a highly dangerous mission**.
이것은 대단히 위험한 임무이다.

❸ <u>dismiss</u> **the worker** 해고하다
The firm **dismissed the worker** unfairly.
그 회사는 직원을 부당하게 해고했다.

❹ **launch a** <u>missile</u> 미사일
North Korea is preparing to **launch a missile**.
북한은 미사일 발사를 준비하고 있다.

❺ <u>admit</u> **all one's mistakes** 인정하다
She **admitted all her mistakes**.
그녀는 모든 자기 실수를 인정했다.

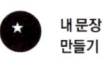

miss(놓치다), *mission*(임무), *dismiss*(해고하다), *missile*(미사일), *admit*(인정하다)로 내 문장 만들기

1.

2.

3.

day 41 cover

자동차를 덮개로 덮자 ▶ cover의 기본의미는 '덮다'입니다. 무언가를 덮어서 '숨기거나 보호하다', 피해를 돈이나 물질로 덮어준다는 의미에서 '보상하다', 기사로 지면을 뒤덮는 데서 '보도하다'라는 의미가 생겼답니다. 물론 실제로 무언가를 덮는다는 의미로, 자동차를 덮개로 '덮다'처럼 쓰일 수 있지요.

하루 **10분**
강의듣고 감잡기

문덕의
미니강의

기본의미 :
덮다

[구체] 실제로 **덮다**
→ ## 덮다·씌우다
cover a cracker with peanut butter

[추상(−)] 진실 등을 안 보이게 **덮다**
→ ## 숨기다
cover (up) one's error

[추상(+)] 공격으로부터 다치지 않게 **덮다**
→ ## 보호하다
cover the child with a blanket

[비유] 손실·비용 등을 메워서 **덮다**
→ ## 보상하다·충당하다
cover the bill

[비유] 신문·잡지 등을 기사로 **뒤덮다**
→ ## 보도하다
cover the war

day 41

❶ **cover** a cracker with peanut butter 덮다
 Mom is **covering a cracker with peanut butter**.
 엄마는 크래커에 땅콩버터를 바르고 있다.

❷ **cover** (up) one's error 숨기다
 They tried to **cover (up) her error**.
 그들은 그녀의 실수를 감추려고 했다.

❸ **cover** the child with a blanket 보호하다
 I **covered the** sleeping **child with a blanket**.
 나는 자고 있는 아이에게 담요를 덮어주었다.

❹ **cover** the bill 보상하다, 충당하다
 One million won is enough to **cover the hospital bill**.
 백만 원이면 병원비를 지불하기에 충분하다.

❺ **cover** the war 보도하다
 The press **covered the war**.
 신문은 그 전쟁을 보도했다.

★ 내 문장 만들기 **cover**(덮다, 숨기다, 보호하다, 충당하다, 보도하다)로 내 문장 만들기

1.

2.

3.

day 42

lud

장난치듯 빗대어 말하며 '메롱 메롱~' ▶ 오늘은 즉석 퀴즈로 시작할게요. 전생에 오랑캐를 무찌른 장군이었던 영어 선생님은? 네, 정답은 문덕입니다. 그 유명한 살수대첩의 을지문덕 아시죠? ㅋㅋ 이렇게 어떤 사람을 직접 가리키지 않고 장난치듯 빗대어 말하는 것을 allude(암시하다)라고 한답니다. 장난치지 말라구요? 강의 듣고 확인해보시라니깐요.

기본의미 :

장난치다
(play)

하루 10분
강의 듣고 감잡기

문덕의
미니강의

~에게(al-⟨ad-⟩) 장난을 치듯이 말하다
→ **al*lude***
v. 암시하다, 빗대어 말하다

함께(col-⟨com-⟩) 나쁜 장난을 치다
→ **col*lude***
v. 공모하다

빠져나가려고(e-⟨ex-⟩) 장난을 치다
→ **e*lude***
v. (교묘히) 빠져나가다

철저히(de-) 가지고 놀다
→ **de*lude***
v. (철저히) 속이다

day 42

❶ *allude* **to one's financial difficulties** 언급하다
   He **alluded to his financial difficulties**.
   그는 자신의 경제적 어려움을 넌지시 언급했다.

❷ *collude* **to steal diamonds** 공모하다
   The thieves **colluded to steal diamonds** from a casino.
   그 도둑들은 카지노에서 다이아몬드를 훔치려고 공모했다.

❸ *elude* **the police** (교묘히) 빠져나가다
   The thieves **eluded the police**.
   그 도둑들은 경찰을 따돌렸다.

❹ *delude* **oneself that** (철저히) 속이다
   She **deluded herself that** she was a princess.
   그녀는 자신이 공주라는 망상을 가졌다.

 내 문장 만들기   *allude*(암시하다), *collude*(공모하다), *elude*(빠져나가다), *delude*(속이다)로 내 문장 만들기

1.

2.

3.

day 43 drive

차를 몰러 갈까 제비를 몰러 갈까 ▶ '양평으로 드라이브나 갈래요?' 추억의 작업멘트죠. 그런데 이 말이 전혀 다른 의미로 해석될 수도 있다는 거~. drive의 기본의미는 '밀다, 몰다'라서 drive 가자고 하면 제비 몰러 가자는 얘기일 수도 있어요. 정말 그런지 지금부터 확인해볼까요?

기본의미 :
밀다, 몰다

하루 **10분**
강의듣고 감잡기

문덕의
미니강의

[구체] 동물을 원하는 방향으로 **몰다**
→ (말·소를) **몰다**
drive one's cattle

[구체] 차량을 원하는 방향으로 **몰다**
→ (차를) 운전하다
drive a car slowly

[추상] 다른 사람을 자기가 원하는 방향으로 **밀어대다**
→ ~인 상태로 만들다
drive A crazy

[추상] 어떤 목표를 앞으로 **미는** 것
→ (조직적인) 운동
hold a blood **drive**

[추상] 마음속에서 **치밀어** 오르는 것
→ 욕망
one's sex **drive**

day 43

❶ **drive** one's cattle (말, 소를) 몰다
   The farmer was **driving his cattle** along the road.
   그 농부는 길을 따라 소를 몰고 있었다.

❷ **drive** a car slowly (차를) 운전하다
   You must **drive a car slowly** in a school zone.
   어린이 보호 구역에서는 천천히 운전해야 한다.

❸ **drive** A crazy A를 ~인 상태로 만들다
   The noise **drove me crazy**.
   그 소음 때문에 나는 미칠 지경이었다.

❹ hold a blood **drive** (조직적인) 운동
   The Red Cross **held a blood drive**.
   적십자는 헌혈운동을 벌였다.

❺ one's sex **drive** 욕망
   What is **your sex drive** like?
   당신의 성욕은 어떠한가요?

★ 내 문장 만들기 **drive**(몰다, 운전하다, ~인 상태로 만들다, 운동, 욕망)로 내 문장 만들기

1.

2.

3.

day 44 puls, pel

심장은 피를 밀어대는 자동펌프 ▶ 우리 몸의 생명 유지 기관 중에서 가장 중요한 것 중의 하나가 바로 심장이죠. 알고 보면 심장은 우리 몸이 가진 자동펌프랍니다. 피를 drive(밀다) 하거든요. 그 증거는 pulse(맥박)의 어원에서도 드러나는데 puls는 drive를 뜻한답니다. 그럼 puls, pel과 관계된 단어들 몇 개 더 알아볼까요?

기본의미 :
밀다
(drive)

하루 **10**분
강의듣고 감잡기

문덕의
미니강의

피를 밀어내는 것
→ **pulse**
n. 맥박

세게(com-) 밀다
→ **compel**
v. 강요하다

뒤로(re-) 몰아내다
→ **repel**
v. 쫓아버리다; 불쾌하게 하다

마음 안에서(im-〈in-〉) 치밀어 오름
→ **impulse**
n. 충동

day 44

❶ **take one's pulse** 맥박
You need to **take your pulse** periodically.
맥박을 정기적으로 재셔야 합니다.

❷ **compel to do** 강요하다
She is **compelled to vote**.
그녀는 투표하도록 강요받았다.

❸ **repel a person** 불쾌하게 하다
His bad table manners **repelled the lady**.
그의 나쁜 식사예절이 그 숙녀를 불쾌하게 했다.

❹ **feel an impulse to do** 충동
I **felt an impulse to cry**.
나는 울고 싶은 충동을 느꼈다.

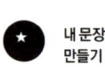
pulse(맥박), *compel*(강요하다),
repel(불쾌하게 하다), *impulse*(충동)로 내 문장 만들기

1.

2.

3.

day 45 — *gather, collect*

한데 모여 응원합시다 ▶ gather와 collect의 뉘앙스가 비슷해 헷갈릴 때가 있죠. 둘 다 뭔가를 모은다는 의미라 말이죠. 여럿이 한 곳에 모이는 것은 gather, 우표 수집처럼 무언가를 신경 써서 모으는 것은 collect라는 것만 알면 각 단어의 다양한 의미 변화를 이해할 수 있답니다.

하루 10분 강의듣고 감잡기

문덕의 미니강의

gather
기본의미 : **한데 모이다, 한데 모으다**

[구체] 한 곳에 모이다[모으다]
→ **모이다 · 모으다**
gather together

[비유] 모여서 점점 커지다
→ **(속도 · 힘 등이) 늘어나다**
gather speed

collect
기본의미 : **신경 써서 모으다**

[구체] 신경 써서 모으다
→ **수집하다**
collect stamps

[비유] 세금 등을 신경 써서 모으다
→ **(세금 · 빚 · 기금을) 징수하다**
collect taxes

[추상] 흩어진 마음을 신경 써서 모으다
→ **(마음 · 생각을) 가다듬다**
collect one's thoughts

day 45

❶ _gather together_ 모이다
We gather together and cheer for the Korean soccer team.
우리는 함께 모여서 한국 축구팀을 응원합니다.

❷ _gather speed_ 늘어나다
The truck gathered speed.
그 트럭이 속도를 냈다.

❸ _collect stamps_ 수집하다
John's hobby is collecting foreign stamps.
John의 취미는 외국 우표를 수집하는 것이다.

❹ _collect taxes_ 징수하다
The government is collecting more taxes from wealthy people.
정부는 부유한 사람들로부터 더 많은 세금을 징수하고 있다.

❺ _collect one's thoughts_ (생각을) 가다듬다
I tried to collect my thoughts but I was too excited.
나는 생각을 가다듬으려 애썼지만 너무 흥분해 있었다.

★ 내 문장 만들기 **gather**(모이다, 늘어나다), **collect**(수집하다, 징수하다, 생각을 가다듬다)로 내 문장 만들기

1.

2.

3.

day 46 *gram, graph*

한 사람의 삶을 기록한 전기 ▶ biography(전기)는 위인들의 삶의 행적을 적은 기록이죠. biography를 분석해보면 그 의미가 고스란히 들어있답니다. 어떻게요? '생명, 삶'을 의미하는 bio와 '쓰다, 그리다'를 뜻하는 어원 graph가 결합되어 만들어졌거든요. 쓰고 그리는 단어의 세계에 지금 빠져보아요.

하루 **10분** 강의듣고 감잡기

문덕의 미니강의

기본의미 :
쓰다(write)
그리다(paint)

글을 쓰는 법
→ **gram**mar
n. 문법, 어법

삶(bio-)에 대하여 쓴 책
→ bio**graph**y
n. 전기

그려놓은
→ **graph**ic
a. 그림의, 생생한

빛(photo)을 이용하여 그린 것
→ photo**graph**
n. 사진 v. 사진을 찍다

day 46

❶ *a mistake in <u>grammar</u>* 문법
He made several mistakes in grammar.
그는 문법상 실수를 몇 개 했다.

❷ *read a <u>biography</u>* 전기
I am reading a biography about Mother Theresa.
마더 테레사에 관한 전기를 읽고 있다.

❸ *a <u>graphic</u> account* 생생한
The reporter gave a graphic account of the earthquake.
그 기자는 그 지진에 대한 생생한 기사를 전했다.

❹ *take a <u>photograph</u>* 사진
I took a photograph of the beautiful waterfall.
나는 아름다운 폭포 사진을 찍었다.

 내 문장 만들기
grammar(문법), *biography*(전기), *graphic*(생생한), *photograph*(사진)로 내 문장 만들기

1.
2.
3.

day 47 raise

내 성적이 오르면 아버지의 월급도 오른다 ▶ 여러분, 팔만 raise(올리다) 하지 말고 공부 열심히 해서 성적도 '올려'보세요. 성적이 오르면 아버지도 흥이 나서 맡은 일을 더 열심히 하실 거고 그렇게 되면 회사가 아버지의 월급을 '올려'줄지도 몰라요. 오늘은 무엇이든 올려주는 raise를 살펴봅시다.

기본의미 : **올리다**

하루 **10분**
강의듣고 감잡기

문덕의
미니강의

[구체] 실제로 올리다
→ **올리다**
raise one's hand

[추상] 월급 등을 올리다
→ **인상하다**
raise one's monthly salary

[추상] 질문 등을 남들이 볼 수 있게 올리다
→ **제기하다**
raise a question

[비유] 동식물을 길러서 키를 조금씩 올리다
→ **기르다**
raise a cat

[비유] 돈이 쌓여 올라가게 하다
→ **모으다·모금하다**
raise money for a charity

day 47

❶ *raise* one's hand 올리다
Please raise your hand if you want to ask a question.
질문이 있으시면 손을 드세요.

❷ *raise* one's monthly salary 인상하다
The company **raised his monthly salary** by 50%.
그 회사는 그의 월급을 50% 인상했다.

❸ *raise* a question 제기하다
I'd like to **raise a question** about English education.
저는 영어 교육에 대한 문제를 제기하고 싶습니다.

❹ *raise* a cat 기르다
She **raises a cat** whose tail is long.
그녀는 꼬리가 긴 고양이 한 마리를 기르고 있다.

❺ *raise* money for a charity 모금하다
The concert will **raise money for a charity**.
그 콘서트는 자선단체를 위해 돈을 모금할 것입니다.

★ 내 문장 만들기   *raise* (올리다, 인상하다, 제기하다, 기르다, 모금하다)로 내 문장 만들기

1.

2.

3.

day 48 grat, grac

좋은 일이 생기면 신에게 감사드린다

▶ Congratulations의 어원에는 서양의 기독교적 문화와 사상이 숨어있는데요. 그게 뭐냐면 '함께'라는 뜻의 com-과 '감사'라는 뜻의 grat가 결합된 단어거든요. 좋은 일이 생기면 '신에게 함께 감사드린다' 뭐 그런 의미인 거죠. 감사하는 마음으로 grat를 품은 또 다른 단어들 함께 알아볼까요?

기본의미 :
감사하는
(thankful)

하루 **10**분
강의듣고 감잡기

문덕의
미니강의

신에게 함께(com-) 감사드리다
→ **con*grat*ulate**
v. 축하하다

감사하는
→ ***grat*eful**
a. 감사하는

감사하도록 만들다(-ify)
→ ***grat*ify**
v. (욕망 따위를) 만족시키다

신이 선사하는 고마움
→ ***grac*e**
n. 은총; (태도·행위의) 우아함

day 48

① <u>congratulate</u> A on B 축하하다
I congratulate you on your engagement.
당신의 약혼을 축하합니다.

② be <u>grateful</u> for 감사하는
I can't be too grateful for your help.
저는 당신의 도움에 정말 감사합니다.

③ be <u>gratified</u> with 만족시키다
I am gratified with the election results.
나는 선거 결과에 만족하고 있다.

④ a three days' <u>grace</u> 은총
I will give you a three days' grace.
너에게 3일간의 유예기간을 주겠다.

 *congratulate*(축하하다), *grateful*(감사하는), *gratify*(만족시키다), *grace*(은총)로 내 문장 만들기

1.

2.

3.

day 49 *flat*

굴곡도 변화도 없이 평탄한 삶은 밋밋해 ▶ flat의 기본의미는 '평평한'입니다. 평평하다는 건 표면이 고르고 판판하다는 걸 뜻하지만 변화나 굴곡이 없는, 즉 드라마틱하지 않은 상태를 나타내기도 하죠. 가격이나 음식 맛, 또는 기분이 flat하다는 건 어떤 의미인지 지금부터 함께 알아보자구요.

기본의미 :
평평한

하루 **10분**
강의듣고 감잡기

문덕의
미니강의

[구체] 실제로 **평평한**
→ **평평한·평탄한**
a **flat** surface

[추상] 가격 등이 변함없이 **평평한**
→ **균일한**
a **flat** price

[추상(-)] 음식 맛이 **평평한**(밋밋한)
→ **맛없는·싱거운**
taste **flat**

[추상(-)] 변화 없이 **평평한**
→ **활기 없는**
be **flat** for years

[추상(-)] 감정기복 없이 **평평하게** 딱 잘라 거절하는
→ **단호한**
a **flat** refusal

day 49

❶ **a *flat* surface** 평평한
I need **a flat surface** to write on.
나는 글씨를 쓸 평평한 바닥이 필요하다.

❷ **a *flat* price** 균일한
The shop sells everything at **a flat price**.
그 가게는 모든 상품을 균일가로 판다.

❸ **taste *flat*** 싱거운
Put more salt, because the soup **tastes flat**.
국이 싱거우니 소금을 더 넣어라.

❹ **be *flat* for years** 활기 없는
The housing market has **been flat for years**.
주택 시장이 수년째 불황이다.

❺ **a *flat* refusal** 단호한
She gave me **a flat refusal**.
그녀는 나에게 딱 잘라 거절했다.

★ 내문장 만들기  *flat*(평평한, 균일한, 싱거운, 활기 없는, 단호한)로 내 문장 만들기

1.

2.

3.

day 50

tor(t)

변사또가 춘향이를 고문한 방법 ▶ 〈춘향전〉에서 변사또나 춘향이가 수청을 들지 않는다며 torture(고문하다)를 했습니다. 주리를 틀어서 말이죠. 그런데 미국에도 변사또 같은 사람이 있었다면 고문 방법이 비슷했을 것 같아요. 왜냐구요? torture의 tort가 바로 '비틀다'라는 뜻이거든요. 내친 김에 비트는 것과 관련된 다른 단어들도 알아볼까요?

기본의미 :
비틀다
(twist)

하루 10분
강의듣고 감잡기

문덕의
미니강의

비틀어진 바람
→ **tor**nado
n. 회오리바람, 토네이도

비틀어져 내려오는 물(-ent 명사)
→ **tor**rent
n. 급류

비틀어져 올라가는 불
→ **tor**ch
n. 횃불

몸을 비틀다
→ **tort**ure
v. 고문하다, 괴롭히다

진실에서 멀리(dis-) 비틀다
→ dis**tort**
v. 왜곡하다

day 50

❶ *a tornado hit* 토네이도
A tornado hit on Sunday night.
토네이도가 일요일 밤에 불어닥쳤다.

❷ *be drowned in the torrent* 급류
The hiker **was drowned in the** raging **torrent**.
그 등산객은 성난 급류 속에 익사하였다.

❸ *the Olympic torch* 횃불
The Olympic torch was lit in Greece.
올림픽 성화가 그리스에서 밝혀졌다.

❹ *be tortured to death* 고문하다
He **was** caught and **tortured to death**.
그는 체포되어 고문으로 죽었다.

❺ *distort history* 왜곡하다
Japan should immediately stop **distorting history**.
일본은 역사를 왜곡하는 것을 당장 멈춰야 한다.

 내 문장 만들기
tornado(토네이도), ***torrent***(급류), ***torch***(횃불),
torture(고문하다), ***distort***(왜곡하다)로 내 문장 만들기

1.

2.

3.

day 51 *plain*

평평한데다 탁 트여 시원한 평원 ▶ flat(평평한)처럼 plain도 '평평한'의 뉘앙스를 띠고 있는 단어인데요. 왜 flat과는 전혀 다른 의미변화를 보일까요? plain은 flat과 달리 '넓고 시원하게 펼쳐진 평원'이 중심의미랍니다. 바로 이러한 이미지의 차이에서 상이한 의미변화도 생겨나는 것입니다.

하루 10분 강의듣고 감잡기

기본의미 :
탁 트인 평평한

[구체] 탁 트인 평원
→ 평지·평원
across the **plain**

[추상(+)] 탁 트이고 평평해 잘 보이는
→ 명백한·이해하기 쉬운
plain English

[추상] 변화 없이 단순하고 평평한
→ 평범한·소박한
plain clothes

[추상(−)] 화려한 변화 없이 평평하여 못생긴
→ 못생긴
a **plain** woman

문덕의 미니강의

day 51

❶ **across the _plain_** 평원
   The wind blows the dust **across the plain.**
   바람이 불어와 평원 위로 먼지를 날렸다.

❷ **_plain_ English** 이해하기 쉬운
   He explained his argument in **plain English.**
   그는 자신의 주장을 쉬운 영어로 설명했다.

❸ **_plain_ clothes** 평범한
   The two police officers were in **plain clothes.**
   그 두 경찰관들은 사복을 입고 있었다.

❹ **a _plain_ woman** 못생긴
   His wife is **a plain woman** with red hair.
   그의 아내는 머리가 빨갛고 못생긴 여자이다.

 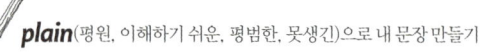

1.

2.

3.

day 52 am, em

실력이 부족해서가 아니라 사랑해서 아마추어

▶ 여러분, amateur(아마추어)와 professional(프로)의 차이 아시나요? amateur의 ama는 '사랑'을 의미한답니다. 그러니까 프로처럼 직업으로 돈을 벌기 위한 목적이 아니라 그 스포츠를 '사랑해서' 한다는 거죠. 오늘은 '사랑'과 관련된 단어들을 정리하겠습니다.

기본의미 :
사랑하다
(love)

하루 **10**분
강의듣고 감잡기

문덕의
미니강의

좋아서 하는 사람(-teur)
→ **am**ateur
n. 아마추어, 비전문가

사랑을 받을 만한(-able)
→ **am**iable
a. 상냥한, 호감을 주는

사랑하는 감정(-ity)
→ **am**ity
n. 우호, 친선

사랑하지 않는(en-⟨in-⟩) 사람
→ en**em**y
n. 적, 원수

day 52

① **an <u>amateur</u> photographer** 아마추어, 비전문가
   I'm **an amateur photographer** in my spare time.
   나는 여가시간에 아마추어 사진가로 활동한다.(취미로 사진을 찍는다.)

② **an <u>amiable</u> wife** 상냥한
   She is **an amiable wife**.
   그녀는 상냥한 아내이다.

③ **in <u>amity</u>** 우호, 친선
   I've lived **in amity** with my neighbors for many years.
   나는 여러 해 동안 이웃과 사이좋게 지내고 있다.

④ **a lot of <u>enemies</u>** 적, 원수
   He has **a lot of enemies** in the company.
   그는 회사 내에 적이 많다.

내 문장 만들기

amateur(아마추어), *amiable*(상냥한), *amity*(우호), *enemy*(적)로 내 문장 만들기

1.

2.

3.

day 53 **even**

나란히 놓인 벽돌조차 평평해 ▶ 앞서 배운 flat과 plain처럼 오늘 배울 even 역시 '평평한'이라는 의미를 가지고 있는데요, 그렇다고 당황하실 필요는 없습니다. 누누이 강조했듯이 단어마다 각기 다른 하나의 이미지가 있으니까요. even은 '벽돌 두 장이 나란히 평평하게 놓인' 이미지를 떠올리면 됩니다. 기억해두시고요, 오늘 강의 시작하겠습니다.

기본의미 :
**두 개가
나란히 놓여
평평한**

하루 **10분**
강의듣고 감잡기

문덕의
미니강의

[구체] 실제로 **평평한**
→ **평평한·평탄한**
even ground

[추상] 한 쪽으로 기울지 않고 **평평한**
→ **공평한·공정한**
an **even** decision

[비유] 두 사물이 **나란히 평평하게** 놓여 짝이 맞는
→ **짝수의**
even number

[비유] 두 개가 **나란하여** 다른 한쪽도 마찬가지인
→ **~조차도**
even A do

day 53

① **_even_ ground** 평평한
His house was built on the high **even ground**.
그의 집은 높은 평지 위에 지어졌다.

② **an _even_ decision** 공평한
We have to make **an even decision** about the matter.
우리는 그 문제에 대해 공평한 결정을 해야 한다.

③ **_even_ number** 짝수의
This elevator only stops on **even number** floors.
이 엘리베이터는 짝수 층에만 선다.

④ **_even_ A do** ~조차도
Even the younger children enjoyed the concert.
심지어 어린아이들조차도 그 연주회를 즐겼다.

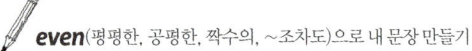

even(평평한, 공평한, 짝수의, ~조차도)으로 내 문장 만들기

1.
2.
3.

day 54 sect

우리는 남과 북 둘로 갈라진 분단국가
▶ 우리 한반도가 둘로 양분되어 있는 것을 표현하는데 안성맞춤인 단어가 있는데요, 바로 bisect입니다. two(둘)의 뜻을 갖는 bi-와 cut(자르다)의 의미를 갖는 sect가 결합하여 만들어진 단어인데요, 오늘은 '자르다'와 관련된 어원 sect에 대해 배워보도록 합시다.

기본의미 :
자르다
(cut)

하루 **10분**
강의듣고 감잡기

문덕의
미니강의

둘로(bi-) 잘라서 가르다
→ **bisect**
v. 양분하다, 둘로 나누다

잘라서 나누어진 것
→ **sect**ion
n. 부분, 구획

안으로(in-) 잘려진 모양을 한 것
→ **in**sect
n. 곤충, 벌레

잘라진 분야
→ **sect**or
n. 분야, 부문

day 54

❶ <u>bisect</u> the city 둘로 나누다
The new highway bisect the city from east to west.
그 새로운 고속도로는 그 도시를 동서로 나눈다.

❷ fiction <u>section</u> 섹션, 구획
They're over there in our fiction section.
그것들은 저기 소설 섹션에 있어요.

❸ <u>insect</u> bites 곤충, 벌레
I scratched at the insect bites on my arm.
나는 팔의 벌레 물린 데를 긁었다.

❹ a key <u>sector</u> 분야, 부문
Tourism is a key sector in the Philippine economy.
관광은 필리핀 경제의 핵심적인 분야이다.

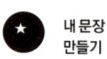 내 문장 만들기
bisect(둘로 나누다), **section**(구획), **insect**(곤충), **sector**(분야)로 내 문장 만들기

1.

2.

3.

day 55 — odd

한쪽만 남아서 짝이 안 맞아 ▶ 양말은 세탁하고 나면 한 쪽만 남아 짝이 맞지 않을 때가 많죠. 오늘 배울 odd라는 단어의 기본의미가 바로 '한쪽만 남는'입니다. 한쪽만 남아 '홀수의', 한쪽만 남아서 모양이 '이상한', 한쪽만 남아서 '짝이 안 맞는'의 의미로 연결할 수 있겠죠? 한쪽 뿐이었던 양말을 생각하며 odd 강의 들어가볼까요?

기본의미 :
(한쪽만) 남는

하루 **10분** 강의듣고 감잡기

문덕의 미니강의

[구체] 한쪽만 남는
→ ## 남는·~남짓의
thirty-**odd** years

[비유] 둘 중 한쪽만 남아서 홀수의
→ ## 홀수의
odd number

[추상(-)] 한쪽만 남아서 모양이 이상한
→ ## 이상한·특이한
one's **odd** behavior

[추상(-)] 한쪽만 남아서 짝이 안 맞는
→ ## 짝이 안 맞는
odd socks

day 55

❶ **thirty-odd years** 남는, ~남짓의
I have lived in this house for thirty-odd years.
나는 이 집에서 30여 년 동안 살아왔다.

❷ **odd number** 홀수의
This elevator only stops at odd number floors.
이 엘리베이터는 홀수 층에만 섭니다.

❸ **one's odd behavior** 이상한, 특이한
I was very embarrassed by his odd behavior.
나는 그의 이상한 행동에 몹시 당황했다.

❹ **odd socks** 짝이 안 맞는
You're wearing odd socks!
너 양말을 짝짝이로 신었어!

 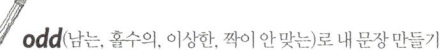

odd(남는, 홀수의, 이상한, 짝이 안 맞는)로 내 문장 만들기

1.
2.
3.

day 56 ject

주사약 좀 살살 던져줘~ ▶ 주사 맞는 거 무서워하시는 분들, 앞으로는 주사기 든 간호사를 '류현진' 투수라고 생각해보세요. 이게 무슨 소리냐고요? ㅎㅎ '주사하다'라는 뜻인 inject의 ject가 사실은 throw(던지다)라는 의미거든요. 주사약을 몸속으로 던지는 거죠. 그래서 주사 맞으면 아픈가 봅니다. ject를 품은 단어들을 보면서 확인해볼까요?

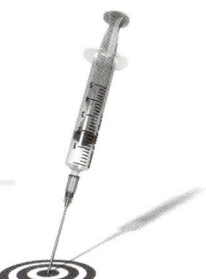

기본의미 :
던지다
(throw)

하루 10분 강의듣고 감잡기

문덕의 미니강의

안으로(in-) 던지다
→ **inject**
v. 주사하다, 주입하다

연구대상 아래로(sub-) 던져 놓은 것
→ **subject**
n. 주제; 과목

반대로(ob-) 던지다
→ **object**
v. 반대하다, 반박하다 n. 물건; 목적

받은 것을 뒤로(re-) 던지다
→ **reject**
v. 거절[거부]하다

day 56

❶ *inject* **some medicine** 주사하다
   The nurse **injected some medicine** into my vein.
   그 간호사가 약물을 내 정맥에 주사했다.

❷ *digress* **from the subject** 주제
   The professor's lecture often **digresses from the subject**.
   그 교수의 강의는 종종 주제에서 벗어난다.

❸ *object* **to one's opinion** 반대하다
   I strongly **object to your opinion**.
   나는 당신의 의견에 강하게 반대한다.

❹ *reject* **one's proposal** 거절하다
   The company **rejected our proposal** to make a contract.
   그 회사는 계약하자는 우리의 제안을 거절했다.

내 문장 만들기   *inject*(주사하다), *subject*(주제), *object*(반대하다), *reject*(거절하다)로 내 문장 만들기

1.

2.

3.

day 57 **issue**

패션 잡지 5월호 있슈? ▶ 잡지 내용보다 사은품 때문에 여성잡지를 산다는 사람이 많아 issue가 된 적이 있었는데요. 새로 나오는 잡지도 issue라고 부르는 거 아세요? 5월에 발행된 잡지를 the May issue라고 하는데요. issue의 기본 의미가 '밖으로 나온 것'이기 때문이에요. issue의 다양한 의미 지금부터 설명해드릴게요.

기본의미 :
밖으로 나온 것

하루 10분 강의듣고 감잡기

[추상] 논쟁거리가 **밖으로 나오는 것**
→ (논쟁·논의의 중요한) **안건·쟁점**
  *a controversial **issue***

문덕의 미니강의

[추상] 발행되어 **밖으로 나온 것**
→ **발행(물)·~호**
  *the December **issue***

[추상] 일이 결론지어 **나오게 된 것**
→ **결과**
  *the **issue** of the investment*

[비유] 어머니 배에서 **밖으로 나온 것**
→ **자손·자식**
  *die without **issue***

day 57

❶ **a controversial issue** 이슈, 쟁점
Japanese whale hunting is a controversial issue.
일본의 포경은 논란이 되고 있는 이슈이다.

❷ **the December issue** 발행(물), ~호
The December issue of the magazine was sold out.
그 잡지의 12월호는 매진되었다.

❸ **the issue of the investment** 결과
The issue of the investment was not what he expected.
그 투자의 결과는 그의 기대 이하였다.

❹ **die without issue** 자손, 자식
The rich old man **died without issue**.
그 나이든 부자는 자식 없이 죽었다.

 **issue**(쟁점, 발행물, 결과, 자식)로 내 문장 만들기

1.
2.
3.

day 58 uni

응원할 땐 유니폼 입어주는 센스 ▶ 저는 야구와 축구를 무지 좋아해요. 응원할 때면 꼭 유니폼을 챙겨 입죠. 그래야 응원하는 사람들과도 한마음이 되는 거 같아요. uniform의 uni는 '하나의'라는 뜻인데요, 사람들을 한마음으로 해준다고 해서가 아니라 유니폼은 하나의 형태로 만들어진 옷이라 그런 거겠죠? 그럼 uni가 들어간 단어들을 살펴볼까요?

기본의미 :
하나
(one)

하루 **10분**
강의듣고 감잡기

문덕의
미니강의

하나의 형태인(-form)
→ **uniform**
n. 제복, 유니폼 a. 똑같은

자기 혼자만 갖고 있는
→ **unique**
a. 유일한, 독특한

하나로 만들다
→ **unify**
v. 통일하다, 하나로 하다

하나로 돌아가는(-vers) 것
→ **universe**
n. 우주

day 58

❶ **wear a uniform** 제복, 유니폼
I'm required to **wear a uniform** at work.
나는 직장에서 유니폼을 입어야 한다.

❷ **a unique style** 독특한
She writes novels in **a unique style**.
그녀는 독특한 스타일로 소설을 쓴다.

❸ **unify our opinions** 통일하다, 하나로 하다
We should **unify our opinions** into one.
우리는 의견을 하나로 통일해야 한다.

❹ **stars in the universe** 우주
How many **stars** are there **in the universe**?
우주에는 얼마나 많은 별들이 있을까?

★ 내 문장 만들기 / **uniform**(제복), **unique**(독특한), **unify**(통일하다), **universe**(우주)로 내 문장 만들기

1.

2.

3.

day 59 *fair*

아름다운 사람은 일처리도 공정하게 해 ▶ 오늘은 여러분들께 돈 안 들고 부작용 없이 아름다워지는 비밀을 알려드리겠습니다. 오늘 배울 fair의 기본의미가 '아름다운'인데요, fair의 다양한 의미들을 종합해서 실천하면 '아름다운' 사람이 되거든요. 아름다워지고 싶다면 오늘의 강의에 집중~.

기본의미 :
아름다운

하루 10분 강의듣고 감잡기

문덕의 미니강의

[구체(사물)] 날씨가 **아름다운**
→ ## 화창한
fair weather

[구체(사람)] 사람이 **아름다운**
→ ## 아름다운
a *fair* lady

[구체(사람)] 사람의 피부·머리카락이 **아름다운**
→ ## 살결이 밝은·금발의
fair hair

[추상] 일처리 등이 **아름다운**
→ ## 공정한·정당한
a *fair* decision

[추상] 양이 상당하여 **보기에 좋은**
→ ## 꽤 많은·상당한
a *fair* income

day 59

① *fair* weather 화창한
In **fair weather**, children play in the park.
화창한 날씨에는 아이들이 공원에서 뛰어논다.

② a *fair* lady 아름다운
A faint heart never won **a fair lady**.
소심한 자는 결코 미인을 얻지 못한다. (용기 있는 자만이 미인을 얻는다.)

③ *fair* hair 금발의
His girlfriend has long **fair hair**.
그의 여자 친구는 긴 금발머리를 가지고 있다.

④ a *fair* decision 공정한
I think it was **a fair decision**.
나는 그것이 공정한 결정이었다고 생각한다.

⑤ a *fair* income 꽤 많은, 상당한
He earned **a fair income** as a singer.
그는 가수로서 상당한 수입을 얻었다.

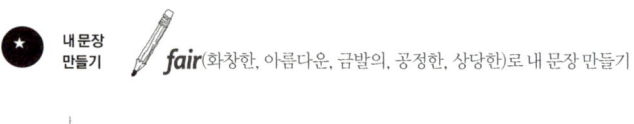

★ 내 문장 만들기   *fair*(화창한, 아름다운, 금발의, 공정한, 상당한)로 내 문장 만들기

1.
2.
3.

day 60
tend, tent

야외에서 텐트를 짝~ 펼쳐 ▶ 요즘 캠핑에 관심 갖는 분들 많더군요. 캠핑장비 중에 제일 중요한 건 바로 tent(텐트)죠. 그런데 텐트가 왜 tent인지 아세요? 텐트 칠 때 쫙 펼쳐야 하잖아요. tent는 어원 tent(펼치다)에서 유래된 단어랍니다. 텐트를 잘 펼쳐서 치고 그 안에서 15분간 가족들과 영어공부 어떠세요? ㅋㅋ

기본의미 :

뻗다
(stretch)

하루 **10분**
강의듣고 감잡기

문덕의 미니강의

(몸을) ~쪽으로 **뻗다**
→ **tend**
v. ~의 경향이 있다

뻣뻣하지 않고 뻗어지는
→ **tend**er
a. 부드러운; 상냥한

밖으로(ex-) **뻗다**
→ ex**tend**
v. 늘이다, 연장하다

의도적으로 미리(pre-) **뻗다**
→ pre**tend**
v. ~인 체하다, 가장하다

마음속으로(in-) **뻗다**
→ in**tend**
v. ~할 작정이다, 의도하다

133

① **tend to do** ~의 경향이 있다
The store **tends to get busy** on weekends.
그 가게는 주말이면 분주해진다.

② **be tender** 부드러운; 상냥한
This meat **is** extremely **tender**.
이 고기는 더할 나위 없이 연하다.

③ **extend one's visa** 늘이다, 연장하다
I need to **extend my visa** by this month.
나 이번 달 안으로 비자를 연장해야 해.

④ **pretend to be sick** ~인 체하다
She **pretended to be sick** to avoid going to school.
그녀는 학교에 가지 않으려고 아픈 척했다.

⑤ **intend to do** ~할 작정이다
I **intend to visit** Singapore this year.
나는 올해 싱가포르를 방문할 생각이다.

★ 내 문장 만들기 — **tend**(~의 경향이 있다), **tender**(부드러운), **extend**(늘이다), **pretend**(~인 체하다), **intend**(~할 작정이다)로 내 문장 만들기

1.

2.

3.

day 61 spare

스페어타이어는 어디에 있을까? ▶ 자동차 타이어에 펑크가 나면 spare tire(여분의 타이어)로 갈아 끼우는데요. 왜 spare라고 부르는지 그 이유 아시나요? 원래부터 있는 타이어와 따로 떼서 보관하기 때문이에요. 무슨 말이냐고요? spare의 기본의미가 '따로 떼놓다'이거든요. 타이어 말고 또 뭘 따로 떼놓을 수 있는지 지금부터 살펴볼까요?

기본의미 :
따로 떼놓다

하루 **10**분
강의듣고 감잡기

문덕의
미니강의

[구체] 따로 떼놓은
→ ## 예비의 · 여분의
a **spare** tire

[추상] 자기 돈·시간의 일부를 남에게 **떼어주다**
→ ## (시간·돈 등을) 할애하다
내주다
spare a few minutes

[구체] 쓰지 않고 **따로 떼놓다**
→ ## 아끼다 · 절약하다
spare no efforts

[추상] 처벌하지 않고 열외로 **따로 떼놓다**
→ ## 목숨을 살려주다
if I am **spared**

day 61

❶ **a spare tire** 예비의, 여분의
The spare tire is in the trunk.
예비 타이어는 트렁크에 있어.

❷ **spare a few minutes** (시간, 돈 등을) 할애하다, 내주다
Would you **spare** me **a few minutes**?
몇 분간만 시간 좀 내실 수 있겠습니까?

❸ **spare no efforts** 아끼다, 절약하다
I really appreciate your **sparing no efforts**.
당신이 수고를 아끼지 않은 데 대해 정말 감사합니다.

❹ **if I am spared** 목숨을 살려주다
I hope to see you again, **if I am spared**.
목숨이 붙어 있다면 다시 뵙고 싶습니다.

 **spare**(예비의, 할애하다, 아끼다, 목숨을 살려주다)로 내 문장 만들기

1.

2.

3.

day 62

pend, pens

긴장감을 느끼고 싶으면 매달려봐

▶ 공중에 매달려 있는 놀이기구 타는 거 좋아하시나요? 즐기든 무서워하든 이유는 긴장감이겠죠. 당연합니다. suspense(불안, 긴장감)라는 단어 안에 들어있는 pend가 '매달다'를 뜻하거든요. 높은 곳에 매달리면 불안하고 긴장할 밖에요. 매달려서 만들어지는 다양한 의미 지금부터 알아봅시다.

기본의미 :
매달다
(hang)

하루 10분
강의듣고 감잡기

아래에(de-) 매달려 있다
→ ## de**pend**
v. ~에 의지하다

옆에(ap-〈ad-〉) 걸다
→ ## ap**pend**
v. 첨부하다, 덧붙이다

~위에(im-〈in-〉) 걸려있는
→ ## im**pend**ing
a. 곧 닥칠, 임박한

아래에(sus-〈sub-〉) 매달려 있을 때 느끼는 것
→ ## sus**pens**e
n. 긴장감, 서스펜스

문덕의
미니강의

day 62

① **depend** on one's parents ~에 의지하다
He no longer **depends on his parents** for money.
그는 더 이상 경제적으로 부모에게 의존하지 않는다.

② **append** one's letter 첨부하다, 덧붙이다
I **append her letter** herewith.
여기에 그녀의 편지를 첨부합니다.

③ **impending** matter 곧 닥칠, 임박한
Let's discuss the **impending matter** first.
우선 시급한 문제부터 논의합시다.

④ **suspense** films 긴장감, 서스펜스
I enjoy watching **suspense films**.
나는 서스펜스 영화 보는 걸 즐긴다.

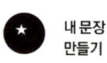 내 문장 만들기 — **depend**(~에 의지하다), **append**(첨부하다), **impending**(임박한), **suspense**(긴장감)로 내 문장 만들기

1.
2.
3.

day 63 *feature*

눈에 확 띄잖아~ ▶ "숨겨도 twinkle 어쩌나~. 눈에 확 띄잖아~" 걸그룹의 노래 가사죠. 이쯤 되면 나르시시즘 중증이라고 할 수 있죠. ㅋㅋ '눈에 확 띈다'는 개념은 자기 자랑할 때만 쓰지 마시고 오늘 배울 feature(특징)의 기본의미로도 기억해두세요.

기본의미 :
눈에 확 띄는 것

하루 10분
강의듣고 감잡기

문덕의
미니강의

[구체] 얼굴에서 눈에 확 띄는 곳
→ ## 얼굴 생김새·용모
one's best **feature**

[추상] 눈에 확 띄는 점
→ ## 특징
desirable **features**

[추상] 여러 기사들 중에서 눈에 확 띄는 것
→ ## 특집기사
a **feature** on AIDS

[추상] 눈에 확 띄는 영화
→ ## 장편영화
a double **feature**

[추상] 눈에 확 띄게 만들다
→ ## 크게 다루다
feature a war

day 63

① **one's best <u>feature</u>** 얼굴 생김새, 용모
Her eyes are **her best feature**.
그녀는 눈이 가장 예쁘다.

② **desirable <u>features</u>** 특징
The house has many **desirable features**.
그 집에는 호감이 가는 특징들이 많다.

③ **a <u>feature</u> on AIDS** 특집기사
There's **a feature on AIDS** in today's paper.
오늘 신문에 AIDS를 다룬 특집 기사가 났다.

④ **a double <u>feature</u>** 장편영화
There's **a double feature** playing at the cinema.
그 영화관에서는 영화 두 편이 동시 상영되고 있다.

⑤ **<u>feature</u> a war** 크게 다루다
The movie **features** the Second World **War**.
그 영화는 2차 세계대전을 다루고 있다.

★ 내 문장 만들기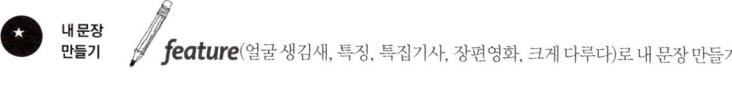

1.

2.

3.

day 64 — fict, fact

소설은 만들어진 이야기 ▶ 소설은 작가가 fiction(허구)로 만들어낸 얘기를 말하죠. 그런데 그거 아세요? fiction 속의 어원 fict가 make(만들다)의 의미를 갖는답니다. 실제의 이야기가 아닌 작가가 만들어낸 이야기가 소설인 거죠. 여러분의 인생도 스스로가 원하는 방향대로 잘 '만들어'가시기 바라면서 오늘의 강의 시작하겠습니다.

기본의미 :
만들다(make)
하다(do)

하루 **10분**
강의듣고 감잡기

문덕의
미니강의

만들어 낸 이야기
→ **fict**ion
n. 허구, 소설

만드는 곳
→ **fact**ory
n. 공장

어떤 결과를 만드는 것
→ **fact**or
n. 요인, 원인

조직 내에 만들어진 것
→ **fact**ion
n. 파벌, 당파

day 64

❶ **a science <u>fiction</u> movie** 허구
I felt like I was in **a science fiction movie**!
나는 공상과학영화 속에 있는 것 같은 느낌을 받았다.

❷ **car <u>factory</u>** 공장
The company runs the biggest **car factory** in the world.
그 회사는 세계에서 가장 큰 자동차 공장을 운영한다.

❸ **the determining <u>factor</u>** 요인, 원인
What was **the determining factor** in our failure?
무엇이 우리의 실패의 결정적 요인이었을까?

❹ **unify the <u>factions</u>** 파벌, 당파
He **unified the factions** of a political party.
그는 정당의 파벌들을 통합했다.

 내 문장 만들기   *fiction*(허구), *factory*(공장), *factor*(요인), *faction*(파벌)으로 내 문장 만들기

1.

2.

3.

day 65 *practice*

연습도 영업도 계속해야 하는 것 ▶ 김연아 선수는 연습벌레로 유명하죠. 몸에 익을 때까지 끊임없는 practice(연습)을 한다고 합니다. 몇 번 하고 마는 게 아니라 끊임없이 계속하는 것, 그것이 practice의 기본의미입니다. 영어공부도 마찬가지예요. 꾸준히 실행하는 연습만이 실력이 된다는 거! 하루 15분씩 꾸준한 실행에 오늘도 참여해보시죠~.

기본의미 :
계속하는 실행

하루 10분
강의듣고 감잡기

[구체] 생각·계획을 **실행함**
→ ## 실천·실행
theory and **practice**

[구체] 수준을 올리기 위해 **계속하는 것**
→ ## (반복적) 연습
driving **practice**

[비유] 사회적으로 **늘 하는 일**
→ ## 관습·관행
a common **practice**

[비유] 의사·변호사가 **늘 영업을 하는 것**
→ ## 개업·영업
go into **practice**

문덕의 미니강의

① **theory and** <u>**practice**</u> 실천, 실행
There is a great difference between **theory and practice**.
이론과 실천 사이에는 큰 차이가 있다.

② **driving** <u>**practice**</u> (반복적) 연습
You need some more **driving practice**, ma'am.
부인, 운전 연습이 좀 더 필요합니다.

③ **a common** <u>**practice**</u> 관습, 관행
Late marriage is **a common practice** in Korea.
한국에서는 만혼이 일반적인 관행이다.

④ **go into** <u>**practice**</u> 개업, 영업
He **went into practice** as a lawyer in Seoul.
그는 변호사로서 서울에서 개업했다.

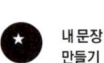

내 문장 만들기 **practice**(실천, 연습, 관행, 개업)로 내 문장 만들기

1.
2.
3.

day 66 dic(t)

중독되면 계속 그것만 말한다 ▶ 여러분, 혹시 어떤 것에 중독되어 본 적 있으세요? 네? 지금 단어공부 addict(중독자)가 되어 있다구요? ㅋㅋ 아주 바람직한 '중독'이네요. 일단 무언가에 중독되면 그것만 생각하고 말하게 되죠? 어쩔 수 없어요. addict에 들어있는 어근 dict가 '말하다(say)'를 의미하니까요. dict(말하다) 관련 어휘들 또 뭐가 있을까요?

하루 10분
강의듣고 감잡기

기본의미 :
말하다
(say)

문덕의
미니강의

~에게(ad-) 계속 말하는 사람
→ **ad**dict
n. 중독자

반대로(contra-) 말하다
→ contra**dict**
v. 반박하다, ~와 모순되다

미리(pre-) 말하다
→ pre**dict**
v. 예언하다, 예측하다

안에(in-) 뜻을 담아서 말하다
→ in**dic**ate
v. 나타내다, 가리키다

day 66

❶ **a chocolate addict** 중독자
   Everybody knows I'm **a chocolate addict**.
   내가 초콜릿 중독자라는 건 누구나 다 안다.

❷ **contradict each other** ~와 모순되다
   The two stories **contradict each other**.
   그 두 이야기는 서로 모순된다.

❸ **predict the result** 예측하다
   Can you **predict the result** of this election?
   이번 선거의 결과를 예측할 수 있어요?

❹ **indicate one's body temperature** 나타내다, 가리키다
   The thermometer will **indicate your body temperature**.
   온도계는 당신의 체온을 나타냅니다.

 내 문장 만들기   **addict**(중독자), **contradict**(~와 모순되다), **predict**(예측하다), **indicate**(나타내다)로 내 문장 만들기

1.

2.

3.

day 67 court

궁정도 법정도 예전엔 다 안뜰이었지 ▶ 스포츠에서 court(경기장)란 단어를 쓸 때가 있죠. '테니스 코트'처럼요. 그런데 야구장은 baseball court라고 하지 않고 baseball field라고 합니다. 그 이유는요, court가 담으로 둘러싸인 '안뜰'을 의미하기 때문입니다. 그럼 '안뜰'에서 유래한 어휘들 또 뭐가 있는지 함께 살펴볼까요?

기본의미 :
안뜰

하루 **10분**
강의듣고 감잡기

문덕의
미니강의

[구체] 안뜰 모양의 경기장
→ ## 코트·경기장
tennis **court**

[구체] 높은 담으로 둘러싸인 **안뜰**
→ ## 궁정
French **court**

[비유] 예전의 법정은 사또네 집 **안뜰**임
→ ## 법정
Supreme **Court**

[비유] 궁정이나 법정에서 가장 흔히 벌어지는 일
→ ## 구애·환심
pay **court** to

day 67

① **tennis court** 코트, 경기장
There is an indoor tennis court in this school.
이 학교에는 실내 테니스 코트가 있다.

② **French court** 궁정
We visited a famous French court last year.
우리는 작년에 유명한 프랑스 궁정을 방문했다.

③ **the Supreme Court** 법정
The Supreme Court decided that he was not guilty.
대법원은 그가 무죄라고 판결했다.

④ **pay court to** 구애, 환심
He paid court to the beautiful woman.
그는 그 아름다운 여성에게 구애를 했다.

 내 문장 만들기
court(경기장, 궁정, 법정, 구애)로 내 문장 만들기

1.

2.

3.

day 68

clos, clud

제외하고 싶으면 내보내고 문을 닫아! ▶ 여럿이 할 뭔가를 계획하는데 누군가를 제외하고 싶다면 그 사람을 밖으로 내보낸 후 문을 닫고 논의하는 게 어떨까요? 왜냐고요? '제외하다'라는 의미의 동사 exclude는 '밖으로'라는 뜻의 ex-와 '닫다'라는 뜻의 clud로 만들어졌거든요. 문을 쾅 '닫는' 이미지 챙겨두시고, 오늘 강의 시작할게요.

기본의미 :
닫다
(shut)

하루 10분
강의듣고 감잡기

문덕의
미니강의

닫다
→ **close**
v. 닫다 a. 가까운

닫힌 곳
→ **clos**et
n. 벽장

안으로(in-) 넣어서 닫다
→ in**clude**
v. 포함하다

완전히(con-) 닫다
→ con**clude**
v. 끝내다, 결론 내다

밖으로(ex-) 내놓고 닫다
→ ex**clude**
v. 제외하다

149

day 68

❶ **the bank close** 닫다
What time does **the bank close** today?
그 은행은 오늘 몇 시에 닫죠?

❷ **a closet full of new clothes** 벽장
She has **a closet full of new clothes** in her room.
그녀의 방에는 새 옷으로 가득한 벽장이 있다.

❸ **include the delivery charge** 포함하다
The price of the product does not **include the delivery charge**.
그 제품의 가격에는 배송비가 포함되어 있지 않다.

❹ **conclude with** 끝내다
The concert **concluded with** an exciting song.
공연은 신나는 노래로 끝을 맺었다.

❺ **be unjust to exclude** 제외하다
It **is unjust to exclude** them.
그들을 제외시키는 것은 부당하다.

★ 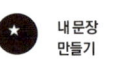 내 문장 만들기
close(닫다), *closet*(벽장), *include*(포함하다), *conclude*(끝내다), *exclude*(제외하다)로 내 문장 만들기

1.

2.

3.

day 69

engagement

약혼한다는 거야, 전투한다는 거야? ▶ '약혼'을 의미하는 단어 engagement에 '전투, 교전'이란 의미도 있다는 거 혹시 아세요? 아니 어~떻게 이런 일이 생긴 걸까요? 원래 engagement는 '서로 굳게 맺어짐'을 의미하는데요, 이 중심 의미가 어떻게 '전투'로 발전하는지 오늘 강의를 들으시면 확실하게 이해하게 될 겁니다.

기본의미 :
굳게 맺어짐

하루 **10분**
강의듣고 감잡기

[추상] 서로 **굳게 맺어짐**
→ ## 약속
a previous **engagement**

[추상] 남녀 간에 **굳게 맺어짐**
→ ## 약혼
one's **engagement**

[추상] 일과 사람이 **굳게 맺어짐**
→ ## 고용·일
get an **engagement**

[추상(−)] 서로 멱살을 잡고 **단단히 붙어있는** 상황
→ ## 교전
have an **engagement** with the enemy

문덕의
미니강의

day 69

① **a previous <u>engagement</u>** 약속
I have a previous engagement.
나는 선약이 있다.

② **one's <u>engagement</u>** 약혼
Her engagement has been broken off.
그녀는 파혼했다.

③ **get an <u>engagement</u>** 고용, 일
She has got an engagement as a bank clerk.
그녀는 은행 직원으로 고용되게 되었다.

④ **have an <u>engagement</u> with the enemy** 교전
The army had a fierce engagement with the enemy.
그 군대는 적과 치열한 교전을 했다.

 **engagement**(약속, 약혼, 고용, 교전)로 내 문장 만들기

1.

2.

3.

day 70 — fi, fid

약혼은 믿는 사람이랑 하는 거야 ▶ 요즘은 '약혼자'라는 우리말보다 '피앙세'라는 외래어를 많이 쓰는데요. 친구가 혹시 '피앙세'라는 용어를 쓰거든 바로 물어보세요. "철자 아니?" "어원 알아?" 그리고 대답을 못하거든 가르쳐주세요. fiance(약혼자)에 들어있는 fi가 '믿음'을 가리킨다구요. 그러니까 약혼자는 '서로 믿는 사람'이라고.

기본의미 :
믿음
(trust)

하루 10분 강의듣고 감잡기

문덕의 미니강의

믿는 사람
→ **fiancé**
n. 약혼자

정말(con-) 믿음
→ **confidence**
n. 신뢰, 신용

믿고 털어놓을 수 있는
→ **confidential**
a. 비밀의, 은밀한

자신에 대한 믿음이 없는(dif-〈dis-〉
→ **diffident**
a. 자신 없는, 수줍은

day 70

① **introduce one's <u>fiancé</u>** 약혼자
   I **introduced my fiancé** to my friends at the party.
   난 파티에서 친구들에게 내 약혼자를 소개했다.

② **have <u>confidence</u>** 신뢰
   I **have confidence** in my CEO.
   나는 사장을 신뢰한다.

③ **<u>confidential</u> information** 비밀의
   Someone leaked **confidential information** to the press.
   누군가가 언론에 비밀 정보를 유출했다.

④ **a <u>diffident</u> manner** 자신 없는
   She gave her opinion in **a diffident manner**.
   그녀는 자신의 의견을 자신 없는 태도로 말했다.

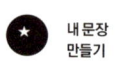 내 문장 만들기 *fiancé*(약혼자), *confidence*(신뢰), *confidential*(비밀의), *diffident*(자신 없는)로 내 문장 만들기

1.

2.

3.

day 71 *trunk*

나는 코끼리 코를 끌 테니 너는 트렁크를 끌어라 ▶ 여러분은 해외여행 갈 때 trunk(가방)를 끌고 가시죠? 저는 '코끼리 코'를 끌고 갑니다. ㅋㅋ '코끼리 코'도 trunk라고 하거든요. 트렁크도, 코끼리 코도 '(길고 큰) 박스'라는 기본의미에서 나온 거예요. 길고 큰 박스 모양의 다른 것은 뭐가 있을까요?

기본의미:
(길고 큰) 박스

문덕의 미니강의

하루 10분 강의듣고 감잡기

[구체] 긴 박스 모양의 가방
→ ## 여행용 큰 가방·트렁크
carry a **trunk**

[비유] 나무에서 긴 박스 모양의 것
→ ## (나무) 줄기
the **trunk** of a tree

[비유] 긴 박스 모양의 자동차 속 공간
→ ## 자동차의 짐 칸·트렁크
close the car **trunk**

[비유] 작고 긴 박스 모양의 팬츠
→ ## 남성용 짧은 반바지 (복수형)
wear swimming **trunks**

[비유] 코끼리가 가지고 있는 긴 박스 모양의 것
→ ## 코끼리 코
an elephant's **trunk**

day 71

① carry a trunk 여행용 큰 가방, 트렁크
The woman was **carrying a trunk**.
그 여자는 트렁크를 끌고 가고 있었다.

② the trunk of a tree (나무) 줄기
I found a cicada on **the trunk of a tree**.
나는 나무줄기에 붙어있는 매미 한 마리를 발견했다.

③ close the car trunk 자동차의 짐 칸, 트렁크
Be careful to **close the car trunk**.
조심해서 차 트렁크를 닫으세요.

④ wear swimming trunks 남성용 짧은 반바지
You must at least **wear swimming trunks**.
당신은 적어도 수영용 반바지는 입어야 합니다.

⑤ an elephant's trunk 코끼리 코
An elephant's trunk is very long.
코끼리 코는 매우 길다.

★ 내 문장 만들기 **trunk**(여행용 큰 가방, 나무줄기, 자동차 트렁크, 반바지, 코끼리 코)로 내 문장 만들기

1.
2.
3.

day 72 **port**

나를 운반해주는 버스와 지하철, 고마워~ ▶ 대중교통이 하는 일을 영어로 표현하면 transport(수송하다)일 텐데요. 여기서 port는 우리가 흔히 알고 있는 '항구'라는 의미 외에도 어원으로 쓰여 carry(운반하다)의 뜻을 갖는답니다. 출발지에서 목적지까지 태워서 운반해주는 게 대중교통이잖아요. port와 함께하는 운반의 세계, 더 깊이 파헤쳐볼까요?

기본의미 :
운반하다
(carry)

하루 **10**분
강의듣고 감잡기

문덕의
미니강의

가로질러(trans-) 이동하여 **나르다**
→ tran**sport**
v. 수송하다 n. 수송

나를 수 있는(-able)
→ **port**able
a. 휴대용의

나라 안으로(im-〈in-〉) **나르다**
→ im**port**
v. 수입하다 n. 수입

아래에서(sup-〈sub-〉) 잡고 **나르다**
→ sup**port**
v. 지탱하다, 지지하다; 부양하다

day 72

❶ **transport** one's goods 수송하다
We need some containers to **transport our goods**.
우리는 상품을 수송할 컨테이너가 필요하다.

❷ a **portable** printer 휴대용의
I'm looking for **a portable printer** for a laptop computer.
나는 노트북 컴퓨터에 사용할 휴대용 프린터를 찾고 있다.

❸ **imported** cosmetics 수입하다
She uses only high-priced, **imported cosmetics**.
그녀는 고가의 수입 화장품만 쓴다.

❹ **support** one's family 부양하다
He worked around the clock to **support his family**.
그는 가족을 부양하기 위해서 밤낮으로 일했다.

내 문장 만들기 — **transport**(수송하다), **portable**(휴대용의), **import**(수입하다), **support**(부양하다)로 내 문장 만들기

1.
2.
3.

day 73 balance

공중 줄타기는 균형이 생명 ▶ 영화 '왕의 남자'에서 눈을 다친 감우성씨가 밧줄을 타다 이것을 잃고 떨어지는 장면은 정말 안타까운데요. 이것은 무엇? 네, 바로 balance(균형)입니다. 그렇다면 '균형'을 원리로 하는 저울은? 그렇죠, 접시저울이죠. '접시저울'의 본질에서 비롯되는 balance의 다양한 의미, 지금부터 알아볼게요.

기본의미 : **접시저울**

하루 **10분** 강의듣고 감잡기

[구체] 접시가 두 개 있는 저울
→ **저울·천칭**
weigh A in the **balance**

[추상] 접시저울의 본질
→ **균형**
lose one's **balance**

[추상] 입금과 출금을 접시저울에 달아 계산한 결과
→ **나머지·잔고**
one's bank **balance**

[추상] 두 개를 접시저울에 달고 비교하다
→ **비교 평가하다**
balance A with B

day 73

❶ **weigh A in the <u>balance</u>** 저울, 천칭
She **weighed the meat in the balance**.
그녀는 저울로 고기의 무게를 달아보았다.

❷ **lose one's <u>balance</u>** 균형
He **lost his balance** and fell to the ground.
그는 균형을 잃고 땅바닥에 쓰러졌다.

❸ **one's bank <u>balance</u>** 나머지, 잔고
You can check **your bank balance** on the Internet.
인터넷으로 예금 잔액 조회가 가능하다.

❹ **<u>balance</u> A with B** 비교 평가하다
We need to **balance** the advantages **with** the disadvantages.
우리는 유리한 점과 불리한 점을 비교해볼 필요가 있다.

 **내 문장 만들기**   *balance*(저울, 균형, 잔고, 비교하다)로 내 문장 만들기

1.

2.

3.

day 74 — pat(h), pass

아프냐? 나도 아프다! ▶ 고통에 처한 사람을 보면 그 아픔이 느껴지며 안타깝죠? 그런 걸 '동정(sympathy)'이라고 하는데요, sympathy는 '함께'라는 의미의 sym-과 '느끼다'라는 의미의 path가 결합된 단어랍니다. '함께 느끼는 것' 그것이 동정이고 공감이죠. 오늘은 어원 path를 익히며 어원 학습의 중요성을 함께 느껴보도록 할까요?

기본의미 :
느끼다
(feel)

하루 10분 강의듣고 감잡기

함께(sym-) 느낌
→ **sym**pa**th**y
  n. 공감; 동정

고통을 느끼며 견디는 (사람)
→ **pat**ient
  a. 인내심이 많은 n. 환자

많이 느끼는
→ **pass**ionate
  a. 열렬한, 열정적인

느끼지 않는(im-)
→ im**pass**ive
  a. 무표정한, 냉정한

문덕의 미니강의

day 74

① **feel sympathy for** 동정
He **felt** deep **sympathy for** the bereaved family.
그는 유족들에게 깊은 동정을 느꼈다.

② **be patient with** 인내심이 많은
The teacher **is** very **patient with** his students.
그 선생님은 학생들에 대해 인내심이 대단하다.

③ **a passionate romance** 열렬한, 열정적인
I have always dreamt of having **a passionate romance**.
나는 늘 열정적인 사랑을 꿈꿔왔다.

④ **one's impassive face** 무표정한
His impassive face showed no emotion at all.
그의 무표정한 얼굴에는 어떠한 감정도 드러나지 않았다.

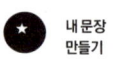
내 문장 만들기 / **sympathy**(동정), **patient**(인내심이 많은), **passionate**(열렬한), **impassive**(무표정한)로 내 문장 만들기

1.

2.

3.

day 75 · screen

나쁜 건 가리고 좋은 건 보호하는 커튼 ▶ screen 하면 영화가 먼저 떠오르는데요. 그건 screen이 영화의 '화면, 은막'의 뜻에서 출발하여 '영화' 자체를 상징하기 때문일 겁니다. 그런데 screen의 어원이 '커튼'이라는 것, 알고 계시나요? '커튼'이라는 기본의미에서 확장되는 screen의 다양한 의미, 지금부터 함께 배워봅시다.

기본의미 : **커튼**

하루 **10분**
강의듣고 감잡기

문덕의 미니강의

[비유] **커튼** 모양의 네모난 화면
→ **화면·스크린**
computer **screen**

[추상(−)] **커튼**처럼 가리다
→ **가리다**
screen one's house

[추상(+)] 안전하게 **커튼**으로 가리다
→ **지키다·보호하다**
screen A from B

[추상] **커튼** 같은 천으로 약 등을 걸러내다
→ **심사하다·가려내다**
screen every candidate

day 75

① **one's computer screen** 화면, 스크린
   Mr. Moon spends so much time looking at **his computer screen**.
   문씨는 컴퓨터 화면을 보며 너무 많은 시간을 보낸다.

② **screen one's house** 가리다
   The trees **screen her house** from public view.
   나무들이 남의 눈으로부터 그녀의 집을 가리고 있다.

③ **screen A from B** 보호하다
   I will **screen** you **from** every danger.
   내가 너를 모든 위험으로부터 지켜줄게.

④ **screen every candidate** 가려내다
   We should **screen every candidate** before voting.
   우리는 투표 전에 후보들을 가려내야 한다.

★ 내 문장 만들기 **screen**(화면, 가리다, 보호하다, 가려내다)로 내 문장 만들기

1.

2.

3.

day 76 — sent, sens

나는 계절의 변화를 느끼는 감상적인 여자 ▶ 계절이 바뀌면 유난히 '센치'해지는 사람들 있죠? 감정(느낌)이 풍부해서 그렇다고 하는데요. '센치'하다는 말은 sentimental(감상적인)에서 비롯된 말입니다. sent라는 어원이 feel(느끼다)을 가리키니까 자연스럽게 연결되지요? 그럼 어원 sent에서 뻗어나간 느낌의 세계, 지금부터 두루 섭렵해볼까요?

기본의미 :
느끼다
(feel)

하루 10분 강의듣고 감잡기

문덕의 미니강의

느낄 수 있는(-ible)
→ **sens**ible
　a. 현명한, 분별력 있는

성욕을 느끼게 하는(-al)
→ **sens**ual
　a. 관능적인, 육욕의

슬픔을 느끼는
→ **sent**imental
　a. 감상적인

함께(con-〈com-〉) 느끼다
→ con**sent**
　v. 승낙하다, 허락하다

day 76

❶ *it is <u>sensible</u> of A to do* 현명한
It was sensible of you to lock the door.
네가 문을 잠근 것은 현명한 일이었다.

❷ *<u>sensual</u> woman* 관능적인
He was attracted by the sensual woman.
그는 그 관능적인 여자에게 끌렸다.

❸ *become <u>sentimental</u>* 감상적인
I became sentimental after reading the novel.
나는 그 소설을 읽고 감상적인 기분이 되었다.

❹ *<u>consent</u> to one's marriage* 승낙하다, 허락하다
He reluctantly consented to his daughter's marriage.
그는 자기 딸의 결혼을 마지못해 승낙했다.

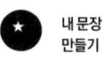 내 문장 만들기 — *sensible*(현명한), *sensual*(관능적인), *sentimental*(감상적인), *consent*(승낙하다)로 내 문장 만들기

1.

2.

3.

day 77 *capital*

대한민국의 수도 Seoul의 첫 글자는 대문자 ▶ 우리나라의 수도(capital)는 어디죠? 네, Seoul입니다. Seoul은 고유명사니까 첫 글자를 대문자(capital)로 쓰죠. 어? 그러고 보니 capital은 '수도'란 뜻뿐만 아니라 '대문자'란 뜻도 있네요. capital의 cap은 '머리'를 뜻하는 어원이랍니다. 이 어원에서 파생되는 여러 의미 '머리'를 맞대고 연구해보자구요. ^^

기본의미 : **머리**

하루 **10**분
강의듣고 감잡기

문덕의 미니강의

[추상] 국가의 **머리**와 같은 도시
→ **수도**
   the **capital** of Australia

[추상] 문장 맨 앞에 나오는 **머리**글자
→ **대문자**
   write in **capital** letters

[추상] 초기(**머리**)의 투자 자본
→ **원금·자본**
   a lot of **capital**

[추상] 우두**머리**인
→ **최고의·훌륭한**
   a **capital** idea

day 77

❶ the <u>capital</u> of Australia 수도
What is the capital of Australia?
오스트레일리아의 수도는 어디입니까?

❷ write in <u>capital</u> letters 대문자
Write your name in capital letters, please.
성함을 대문자로 써주십시오.

❸ a lot of <u>capital</u> 원금, 자본
To set up a company, **a lot of capital** is necessary.
회사를 세우기 위해서는 많은 자본금이 필요하다.

❹ a <u>capital</u> idea 최고의, 훌륭한
A capital idea flashed into my mind.
훌륭한 아이디어가 내 머리에 떠올랐다.

★ 내 문장 만들기　 **capital**(수도, 대문자, 원금, 최고의)로 내 문장 만들기

1.

2.

3.

day 78 cap, cep

화면을 꽉~ 잡아 ▶ 여러분 제 동영상 강의 잘 보고 계시나요? 저의 강의 모습 중 멋진 표정이나 제스처가 있거든 일시정지 버튼을 눌러 '캡처'해보세요. ㅎㅎ capture 안의 cap이란 어원은 '머리'의 의미 외에 '잡다'라는 의미가 있어요. 그래서 화면을 잡아 저장하는 걸 '캡처'한다고 하는 거죠. 오늘은 cap에서 비롯되는 어휘들을 함께 잡아볼까요?

기본의미 :
잡다
(take)

하루 10분 강의듣고 감잡기

문덕의 미니강의

잡다
→ **cap**ture
v. 붙잡다, 포착하다 n. 체포, 포착

잡을 수 있는(-able)
→ **cap**able
a. ~할 수 있는, 유능한

제안 등을 가까이(ac-〈ad-〉 잡다
→ ac**cep**t
v. 받아들이다, 수락하다

밖으로(ex-) 잡아내다
→ ex**cep**t
prep. ~을 제외하고 v. 제외하다

day 78

❶ <u>**capture** various expressions</u> 붙잡다, 포착하다
   This lens will help capture various expressions.
   이 렌즈는 다양한 표정을 포착하는 것을 도와줄 것이다.

❷ <u>be **capable** of -ing</u> ~할 수 있는
   The student is capable of solving the problem.
   그 학생은 그 문제를 풀 수 있다.

❸ <u>**accept** an invitation</u> 받아들이다, 수락하다
   She was willing to accept an invitation.
   그녀는 기꺼이 초대에 응했다.

❹ <u>work **except** Sundays</u> ~을 제외하고
   We work every day except Sundays.
   우리는 일요일 외에는 매일 일한다.

 내 문장 만들기   ***capture***(포착하다), ***capable***(~할 수 있는), ***accept***(받아들이다), ***except***(~을 제외하고)로 내 문장 만들기

1.

2.

3.

day 79 — *dispose*

멀리 잘 놓아봐 ▶ 오늘 배울 단어는 dispose인데요, 좀 어렵게 느껴지시죠? 하지만 자주 쓰이는 단어이니 쉽게 이해되고 다양하게 활용할 수 있도록 문덕이가 도와드릴게요. dispose는 '멀리'라는 뜻의 dis-와 '놓다'라는 뜻의 pos가 결합된 형태인데요, 멀리 놓으며 가지런히 배열한다는 의미입니다. 재밌는 이야기로 dispose를 설명해보았으니 QR코드 찍어주세요~.

기본의미 :
멀리 놓다

하루 10분
강의듣고 감잡기

[구체] 멀리 놓다
→ **배치하다·배열하다**
dispose on a table

[추상] 팔아서 멀리(dis-) 치우다
→ **처분하다**
dispose of one's house

[추상] 사람의 체액(humor)을 **배열하여** 어떤 기분으로 만들다
→ **~하고 싶게 만들다**
dispose A to do

문덕의
미니강의

day 79

① **_dispose_ on a table** 배치하다, 배열하다
The lamp was **disposed on a table** nearby.
램프는 근처의 탁자 위에 놓여있었다.

② **_dispose_ of one's house** 처분하다
My mother **disposed of our** old **house**.
어머니가 우리의 오래된 집을 처분했다.

③ **_dispose_ A to do** ~하고 싶게 만들다
His encouragement **disposed me to apply for** the job.
그의 격려로 나는 그 일자리에 지원하고 싶어졌다.

 **_dispose_**(배치하다, 처분하다, ~하고 싶게 만들다)로 내 문장 만들기

1.

2.

3.

day 80 pos

작곡은 음표 모아놓기
▶ 여러분, 혹시 음악을 compose(작곡하다)할 수 있나요? 모차르트도 아닌데 어떻게 하냐고요? 작곡이 뭐 별건가요? 그냥 콩나물처럼 생긴 음표들을 모아놓으면 되는 거지. 이건 제 생각이 아니고요, compose가 '함께'라는 뜻의 com-과 '놓다'라는 뜻의 pos로 만들어진 단어거든요. 안 믿기세요? 에이 잘 들으세요, 지금 설명해드릴게요.

기본의미 :

놓다
(put)

하루 10분
강의듣고 감잡기

문덕의 미니강의

함께(com-) 놓다
→ **compose**
v. 구성하다; 작곡하다

아래에(de-) 놓다
→ **deposit**
v. 예금하다 n. 예금(액)

위에(im-) 놓다
→ **impose**
v. (의무, 세금 등을) 부과하다; 강요하다

앞으로(pro-) 내놓다
→ **propose**
v. 제안하다; 청혼하다

173

day 80

❶ **be composed of** 구성하다
Our class **is composed of** 30 students.
우리 학급은 30명의 학생으로 구성되어 있다.

❷ **deposit all one's money** 예금하다
He **deposited all his money** in a bank.
그는 그의 모든 돈을 은행에 예금했다.

❸ **impose one's views** 강요하다
I don't want to **impose my views** on anyone.
나는 누구에게도 내 생각을 강요하고 싶지 않다.

❹ **propose to A** 청혼하다
He **proposed to her** over the phone.
그는 전화로 그녀에게 청혼을 했다.

 내 문장 만들기 **compose**(구성하다), **deposit**(예금하다), **impose**(부과하다), **propose**(청혼하다)로 내 문장 만들기

1.
2.
3.

day 81

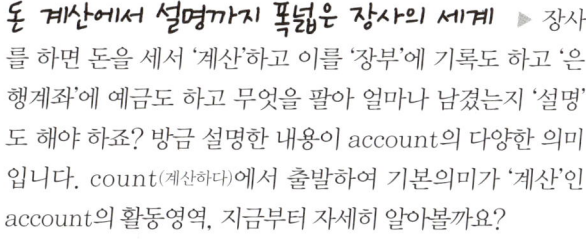

account

돈 계산에서 설명까지 폭넓은 장사의 세계 ▶ 장사를 하면 돈을 세서 '계산'하고 이를 '장부'에 기록도 하고 '은행계좌'에 예금도 하고 무엇을 팔아 얼마나 남겼는지 '설명'도 해야 하죠? 방금 설명한 내용이 account의 다양한 의미입니다. count(계산하다)에서 출발하여 기본의미가 '계산'인 account의 활동영역, 지금부터 자세히 알아볼까요?

기본의미 :
계산, 셈

하루 **10**분
강의듣고 감잡기

문덕의
미니강의

[비유] 은행에서 하는 돈 **계산**
→ ## 구좌·계좌
open an account

[추상] **계산하듯** 정확하고 세세한 설명
→ ## 설명·이야기·설명하다
account for

[추상] 속으로 **계산하는** 꿍꿍이, 근거
→ ## 이유·중요성
on **account** of

[추상] 마음속으로 **계산하다**
→ ## 간주하다·생각하다
account him a fool

day 81

❶ **open an <u>account</u>** 구좌, 계좌
   I **opened a** new **account** at a foreign bank.
   나는 그 외국 은행에 구좌를 열었다.

❷ **<u>account</u> for** 설명하다
   I will **account for** the incident.
   내가 그 사건에 대해 설명할 것이다.

❸ **on <u>account</u> of** 이유
   The flight was cancelled **on account of** heavy snow.
   그 비행편은 폭설로 취소되었다.

❹ **<u>account</u> him a fool** 간주하다, 생각하다
   I **account him a fool.**
   나는 그를 바보라고 생각한다.

★ 내 문장 만들기   **account**(구좌, 설명하다, 이유, 간주하다)로 내 문장 만들기

1.

2.

3.

day 82 — ped, pus

낙지랑 문어 다리는 8개 ▶ 여러분, octopus(낙지, 문어) 좋아해요? 낙지와 문어는 발이 8개인데요. '8'을 가리키는 octo-와 '발'을 가리키는 ped의 변형인 pus가 결합된 단어가 바로 octopus입니다. '발'로 밟는 페달이나 '발'로 걸어다니는 보행자를 뜻하는 단어에도 ped가 들어가 있어요. 지금부터 자세히 설명해드릴게요.

기본의미 :
발
(foot)

하루 10분
강의듣고 감잡기

발로 밟는 것
→ **ped**al
n. 페달, 발판

발로 걸어 다니는 사람
→ **ped**estrian
n. 보행자

발을 안에(im-⟨in-⟩) 집어넣다
→ im**ped**e
v. 방해하다

발이 여덟(octo-)개인 동물
→ octo**pus**
n. 문어

문덕의 미니강의

day 82

❶ **reach the** <u>**pedals**</u> 페달, 발판
My feet can hardly **reach the pedals**.
내 발이 페달에 거의 닿지 않는다.

❷ **hit a** <u>**pedestrian**</u> 보행자
Watch out! You almost **hit a pedestrian**.
조심해! 보행자를 거의 칠 뻔했잖아.

❸ <u>**impede**</u> **that process** 방해하다
We don't want to **impede that process**.
우리는 그 진행상황을 방해하고 싶지 않다.

❹ <u>**octopus**</u> **sashimi** 문어
They have really good **octopus sashimi** here.
여기 문어회가 일품이다.

 내 문장 만들기

pedal(페달), *pedestrian*(보행자),
impede(방해하다), *octopus*(문어)로 내 문장 만들기

1.

2.

3.

day 83 *compact*

콤팩트는 분가루가 빽빽이 들어찬 여성용 화장품

▶ 여성용 화장품 compact(콤팩트, 분첩) 아시죠? 분가루가 '빽빽'하게 들어 있잖아요. compact는 '함께'라는 뜻의 com-과 '묶다'라는 뜻의 pact의 결합어로, 힘을 주어 '서로 꽉 묶인' 상태가 기본의미이자 이미지입니다. 꽉 묶여서 빽빽해지고 작아지고 간결해지는 과정, 지금부터 촘촘하게 살펴보죠.

기본의미 :
서로 단단히 묶인

하루 10분
강의듣고 감잡기

문덕의 미니강의

[구체] 촘촘하게 서로 꽉 묶인 것 같은
→ **빽빽한 · 조밀한**
a **compact** clusters of flowers

[추상] 문장이 단단히 묶여 촘촘해진
→ **(문체 등이) 간결한**
write **compact** sentences

[비유] 제품이 촘촘하게 만들어진
→ **소형인 · 아담한**
a **compact** car

[비유] 화장용 가루분이 빽빽이 들어찬 것
→ **콤팩트 · 휴대용 분갑**
buy a new **compact**

179

day 83

① **a compact clusters of flowers** 빽빽한, 조밀한
He presented me with **a compact clusters of flowers**.
그는 나에게 빽빽하게 만든 꽃다발을 선사했다.

② **write compact sentences** (문체 등이) 간결한
The novelist is known for **writing compact sentences**.
그 소설가는 간결한 문장을 쓰는 것으로 유명하다.

③ **a compact car** 소형인
I'd like to rent **a compact car** for three days.
저는 소형차를 3일간 렌트하고 싶은데요.

④ **buy a new compact** 콤팩트, 휴대용 분갑
She **bought a new compact** at a cosmetic shop.
그녀는 화장품 가게에서 새 콤팩트를 샀다.

★ 내 문장 만들기  **compact**(빽빽한, 간결한, 소형의, 화장용 콤팩트)로 내 문장 만들기

1.
2.
3.

day 84

voc, vok

아무 짓도 안 했는데 앞으로 불러내면 정말 화나

▶ 점잖게 있는 사람 괜시리 앞으로 불러내 provoke(도발하다) 하면 정말 화납니다. provoke는 '앞'이라는 뜻의 pro-와 '부르다'라는 뜻의 voc가 결합되어 있으니, 자극하여 앞으로 불러내는 모습이지요. 이밖에 '부르다'에서 유래한 단어들 뭐가 있을지 강의 들으시면 알 수 있어요.

기본의미 :

부르다
(call)

하루 10분
강의듣고 감잡기

문덕의
미니강의

사물을 **부르는** 말들이 모인 것
→ **voc**abulary
n. 어휘, 단어집

하늘의 **부름**
→ **voc**ation
n. 소명, 직업

무엇과 가까운(ad-) **목소리**를 내다
→ ad**voc**ate
n. 옹호자, 지지자 v. 지지하다

앞으로(pro-) **불러내어** 도발하다
→ pro**vok**e
v. 성나게 하다; 유발하다

day 84

① **expand one's <u>vocabulary</u>** 어휘
This book will help you **expand your** English **vocabulary**.
이 책은 당신의 영어 어휘력을 확장하는 데 도움이 될 것이다.

② **find one's <u>vocation</u>** 소명, 직업
It can take much time to **find your vocation**.
천직을 찾는 데는 많은 시간이 걸릴 수 있다.

③ **<u>advocate</u> for children** 지지자
She was a strong **advocate for children**.
그녀는 아이들에게 든든한 지지자였다.

④ **<u>provoke</u> a person to anger** 성나게 하다
He intentionally **provoked her to anger**.
그는 의도적으로 그녀를 성나게 했다.

 내 문장 만들기 　 **vocabulary**(어휘), **vocation**(직업), **advocate**(지지자), **provoke**(성나게 하다)로 내 문장 만들기

1.

2.

3.

day 85 *affect*

잘 만들어 놓은 도미노, 감동이야 ▶ affect에서 fect는 make(만들다)를 의미합니다. 이 어원이 다양한 의미변화를 만들어내는 핵심인데요, 무언가를 향해서 어떤 결과를 만들어내면 '영향을 미치다', 병이 몸에 나쁜 결과를 만들면 '침범하다', 사실인 것처럼 만들어내면 '~인 체하다'가 된답니다. 그 과정 지금부터 더 자세히 설명해드릴게요.

하루 10분
강의듣고 감잡기

문덕의 미니강의

기본의미 :
(무언가를) 만들다

[추상] 어떤 결과를 만들어내다
→ **영향을 미치다**
affect one's health

[추상] 병이 몸에 나쁜 결과를 만들다
→ **(병이) 침범하다**
affect one's stomach

[추상(+)] 마음속에 감동을 만들다
→ **감동시키다**
affect a person deeply

[추상(−)] 사실인 것처럼 만들어내다
→ **~인 체하다**
affect illness

day 85

 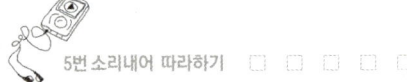

① **affect one's health** 영향을 미치다
Overwork and stress can affect your health.
과로와 스트레스는 당신의 건강에 영향을 미친다.

② **affect one's stomach** (병이) 침범하다
The cancer has affected his stomach.
그는 위암에 걸렸다.

③ **affect a person deeply** 감동시키다
His performance affected me deeply.
그의 연기는 내게 깊은 감동을 주었다.

④ **affect illness** ~인 체하다
She affected illness to avoid going to work.
그녀는 출근하지 않으려고 꾀병을 부렸다.

내 문장 만들기 **affect** (영향을 미치다, 침범하다, 감동시키다, ~인 체하다)로 내 문장 만들기

1.
2.
3.

day 86 *flu, flow*

마음속으로 흘러들어가야 영향력 있다 할 수 있지

▶ 저는 우리나라 영어교육에 influential(영향력 있는)한 사람일까요? influential은 in-(안)과 flu(흐르다)가 결합된 단어니까 제가 여러분들 마음속으로 흘러들어갈 수 있었다면 저를 influential하다고 인정해주세요. 아직 안 들어왔다고요? 그럼 최고의 열강으로 흘러들어가고 말겠습니다.

기본의미 :
흐르다
(flow)

하루 10분
강의듣고 감잡기

문덕의 미니강의

사람들 마음 안으로(in-) 흘러들어오는
→ ## in**flu**ential
a. 영향력 있는, 중요한

(전염되어) 사람들 안으로(in-) 흘러들어온 것
→ ## in**flu**enza
n. 독감

물이 흐르는 듯한
→ ## **flu**ent
a. 유창한

위로 넘쳐(over-) 흐르다
→ ## over**flow**
v. 넘치다, 범람하다

day 86

mp3

① <u>influential</u> man 영향력 있는
PSY is one of the most influential man in the world.
싸이는 세계에서 가장 영향력 있는 사람 중 하나이다.

② **coming down with <u>influenza</u>** 독감
I think I'm coming down with influenza.
나 독감 걸린 것 같아.

③ <u>fluent</u> in English 유창한
How can I become fluent in English?
어떻게 하면 영어를 유창하게 할 수 있을까요?

④ <u>overflow</u> with joy 넘치다
My heart is overflowing with joy.
내 마음은 기쁨이 넘치고 있다.

1.

2.

3.

day 87 *appreciate*

어원의 가치를 아는 여러분은 제대로 이해한 사람들

▶ 여러분, 이제 어원으로 영단어 공부하는 것의 중요성 모두 appreciate(제대로 이해하다)하셨죠? appreciate는 '가까이'라는 뜻의 ad-와 '가치'라는 뜻의 preci가 결합된 단어이니 어원 학습에 가까이 다가가 그 가치를 제대로 이해하셨다면 모두 appreciate하신 게 되는 겁니다.

기본의미 :
가치를 제대로 이해하다

하루 10분
강의듣고 감잡기

문덕의 미니강의

[추상] 어떤 것의 **가치를 평가하다**

→ **제대로 평가하다**
제대로 이해하다
appreciate a work of art

[추상] 남의 도움을 **제대로 이해하다**

→ **~을 고맙게 여기다**
appreciate one's kindness

[추상] 어떤 것의 진가를 **제대로 평가하다**

→ **가격을 올리다**
가치가 오르다
appreciate one's apartments

day 87

❶ ***appreciate a work of art*** 제대로 평가하다
I am not able to appreciate a work of art.
나는 예술작품을 제대로 평가할 능력이 없다.

❷ ***appreciate one's kindness*** ~을 고맙게 여기다
I deeply appreciate your kindness.
당신의 친절에 깊이 감사드립니다.

❸ ***appreciate one's apartments*** 가격을 올리다
The wives tried to appreciate their apartments.
그 주부들은 그들의 아파트의 가격을 올리려 했다.

★ 내 문장 만들기  **appreciate**(제대로 평가하다, ~을 고맙게 여기다, 가격을 올리다)로 내 문장 만들기

1.

2.

3.

day 88 vict, vinc

운동으로도 이기고 주장으로도 이기고 ▶ 학교 다닐 때 체육대회를 하면 응원하는 재미도 쏠쏠하지요. 337박수의 마지막 7글자였던 'V, I, C, T, O, R, Y'가 귓가에 맴도는 듯하네요. victory(승리) 안에 들어 있는 vict는 '이기다'를 의미한답니다. 이겨서 만들어지는 다양한 의미, 지금부터 자세히 살펴보기로 하죠.

기본의미 :
이기다
(win)

하루 **10분**
강의듣고 감잡기

이기는 것
→ **vict**ory
n. 승리

무죄 주장을 **이기다**
→ con**vict**
v. 유죄 판결을 내리다

자신의 주장으로 상대를 **이기다**
→ con**vince**
v. 납득시키다, 확신시키다

이길 수 없는(in-)
→ in**vinc**ible
a. 무적의, 이길 수 없는

문덕의
미니강의

❶ end in a victory 승리
The game ended in a 2-0 victory for the LA Dodgers.
그 경기는 LA Dodgers의 2대 0 승리로 끝났다.

❷ convict of 유죄 판결을 내리다
He was convicted of fraud.
그는 사기죄로 유죄를 선고받았다.

❸ convince A of B 납득시키다
I could not convince him of his mistake.
나는 그에게 그의 잘못을 납득시킬 수가 없었다.

❹ the invincible character 무적의, 이길 수 없는
He plays the invincible character in the movie.
그는 그 영화에서 천하무적으로 나온다.

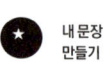

내 문장 만들기: **victory**(승리), **convict**(유죄 판결을 내리다), **convince**(납득시키다), **invincible**(무적의)로 내 문장 만들기

1.

2.

3.

day 89

suit

소송 하는 법정에 어울리는 건 정장? ▶ 정장(suit) 많이 가지고 계신가요? suit은 기본의미가 '따르다'인지라 상하가 세트로 따라다니는 '정장'을 의미하게 되었답니다. suit는 '사건을 따라오는 것'에서 '소송'이라는 의미로, 세트로 따라다니는 것들은 서로 '어울리다'라는 의미로 사용된답니다. 그럼 suit의 다양한 의미 세계로 출발~!

기본의미 :
따르다
(follow)

하루 **10분**
강의듣고 감잡기

문덕의
미니강의

[비유] 상의 하의가 하나의 세트로 **딸려** 있는 옷
→ ## 한 벌·정장
a dark **suit**

[추상] 사건을 **따라오는** 것
→ ## 소송
file a **suit**

[추상] 어떤 것에 어울리는 다른 것이 **따라오다**
→ ## 어울리다
suit A well

[추상] **따르게** 해 맞추어 응하게 하다
→ ## 적응시키다·맞추다
suit A to B

❶ **a dark suit** 한 벌; 정장
He likes wearing **a dark suit**.
그는 짙은 색 정장을 입는 것을 좋아한다.

❷ **file a suit** 소송
The company **filed a suit** against its rival company.
그 회사는 경쟁 회사에 대하여 소송을 제기했다.

❸ **suit A well** 어울리다
Pink **suits** the girl very **well**.
핑크색은 그 소녀에게 아주 잘 어울린다.

❹ **suit A to B** 맞추다
She can **suit** her conversation **to** whoever she's with.
그녀는 누구와 대화를 하든 그 사람에게 맞춰 대화를 할 수 있다.

★ 내 문장 만들기  **suit** (정장, 소송, 어울리다, 맞추다)로 내 문장 만들기

1.

2.

3.

day 90 su(e), sequ, secu

호텔의 달콤한 방을 찾아라 ▶ 신혼여행 가서 묵게 되는 '스위트룸'을 영어로 쓰면? 신혼의 달콤한 밤을 위한 방이니 sweet room이라고요? 에고에고;; 여러분, 외국 가서 나라 망신시키지 마시구요. '스위트룸'은 suite라고 씁니다. su라는 어원은 follow(뒤따르다)인데요, 어떻게 된 영문인지 강의 잘 들어보세요.

하루 10분 강의듣고 감잡기

기본의미 :
따라가다
(follow)

침실과 거실이 **따라오는** 구조
→ **suite**
n. 스위트룸

앞으로(pur-⟨pro-⟩) 계속 **따라가다**
→ **pursue**
v. 추적하다, 추구하다

함께(con-) 뒤따라오는 것
→ **consequence**
n. 결과, 중요성

끝까지(per-) **따라다니며** 괴롭히다
→ **persecute**
v. 박해하다, 못살게 굴다

문덕의 미니강의

day 90

❶ **reserve a <u>suite</u>** 스위트룸
   I **reserved a suite** at the hotel for my honeymoon.
   나는 신혼여행을 위해 그 호텔의 스위트룸을 예약했다.

❷ **<u>pursue</u> one's goal** 추구하다
   Pursue your own **goal** and concentrate on it.
   네 자신의 목표를 추구하고 그것에 집중해라.

❸ **the <u>consequence</u> of the incident** 결과
   We must answer for **the consequence of the incident**.
   우리는 그 사건의 결과에 책임을 져야 한다.

❹ **<u>persecute</u> for** 박해하다, 못살게 굴다
   Finally, both were **persecuted for** their beliefs.
   결국, 두 사람은 그들의 신념 때문에 박해를 받았다.

★ 내 문장 만들기  **suite**(스위트룸), **pursue**(추구하다), **consequence**(결과), **persecute**(박해하다)로 내 문장 만들기

1.
2.
3.

day 91 apply

몸을 구부려 몸에 로션을 발라 ▶ apply의 기본의미가 '구부리다'인데요. ad-(가까이)와 ply(구부리다)의 결합이기 때문입니다. 그런데 뜻은 왜 '바르다, 적용하다, 신청하다'일까요? 몸에 로션을 바르려면 다리든 허리든 구부려야 하죠. 그래서 '바르다'가 된 것입니다. 그렇다면 '적용하다'와 '신청하다'는? 궁금하죠? 궁금하면 QR 찍어요~.

하루 **10분**
강의듣고 감잡기

문덕의
미니강의

기본의미 :
구부리다

[구체] 몸을 **구부려** 연고 등을 바르다
→ **바르다**
apply paint to A

[추상] 몸을 **구부려** 규칙 등을 적용하다
→ **적용하다**
apply a rule to A

[추상] 몸을 **구부려** 어딘가에 들어가다
→ **신청하다·지원하다**
apply for a job

day 91

❶ ***apply paint to A*** 바르다
  Let's **apply paint to** the wall.
  벽에 페인트칠을 하자.

❷ ***apply a rule to A*** 적용하다
  He **applied a** new **rule to** my case.
  그는 새 규칙을 나의 경우에 적용했다.

❸ ***apply for a job*** 신청하다, 지원하다
  He **applied for a job** at MD electronics.
  그는 MD 전자에 지원했다.

★ 내 문장 만들기  **apply**(바르다, 적용하다, 지원하다)로 내 문장 만들기

1.

2.

3.

day 92

spir

홀가분하게 숨 쉬는 그날까지, 고고~ ▶ 15분 강의도 어느덧 막바지네요. 제가 공개해드린 영단어의 비밀들이 여러분의 마음을 홀가분하고 즐겁게 했기를 바랍니다. 이런 '마음'은 영어로 spirit이라고 하는데요, spirit의 spir는 '숨 쉬다'를 뜻합니다. 오늘은 숨 쉬는 것에서 유래한 단어들을 살펴볼게요.

기본의미 :
숨 쉬다
(breathe)

하루 10분
강의듣고 감잡기

숨 쉬는 사람의 마음
→ **spir**it
n. 정신, 마음; 사기, 용기

~을 향해(a-〈ad-〉) 숨을 몰아쉬다
→ a**spir**e
v. 열망[갈망]하다, 동경하다

숨을 안으로(in-) 불어넣다
→ in**spir**e
v. 영감을 주다

다시(re-) 숨을 쉬는 것
→ re**spir**ation
n. 호흡

문덕의 미니강의

day 92

① **be in high spirits** 정신, 마음
I **am** always **in high spirits** whenever I listen to his lectures.
나는 그의 강의를 들을 때마다 항상 기분이 좋다.

② **aspire to be a singer** 열망(갈망)하다
I met a teenager who **aspired to be a singer**.
나는 가수가 되기를 열망하는 십대 한 명을 만났다.

③ **inspire many people** 영감을 주다
Her life **inspired** so **many people**.
그녀의 삶은 매우 많은 사람들에게 영감을 주었다.

④ **artificial respiration** 호흡
The rescuer gave the woman **artificial respiration**.
그 구조대원은 그 여자에게 인공호흡을 실시했다.

 내 문장 만들기 **spirit**(정신), **aspire**(열망하다), **inspire**(영감을 주다), **respiration**(호흡)으로 내 문장 만들기

1.
2.
3.

day 93 reserve

뒤로 남겨서 챙겨뒀다 저축해야지 ▶ preserve와 reserve는 무지 헷갈리죠. 공부 시작한 지 93일쯤 되니 감이 오지 않나요? re와 pre로 구분할 수 있겠구나~. 훌륭합니다~! 일단 오늘의 단어인 reserve는 re-(뒤로)와 serve(봉사하다)가 결합된 단어로 '예약하다' 등의 의미로 쓰입니다. reserve와 preserve에 대한 비밀들, 강의로 확인해볼까요?

하루 10분 강의듣고 감잡기

기본의미 :
뒤에 남겨두다

문덕의 미니강의

[구체] 뒤에 **남겨두다**
→ **비축하다**
reserve money

[추상] 방이나 좌석을 **챙겨두다**
→ **예약하다**
reserve a room

[추상] 뒤에 **남겨두다**
→ **유보하다·연기하다**
reserve the judgment

[추상] 감정을 뒤에 **남겨두기**
→ **자제·삼가기**
without reserve

day 93

❶ <u>reserve</u> **money** 비축하다
They have reserved some money for the future.
그들은 장래를 대비해 약간의 돈을 비축하고 있다.

❷ <u>reserve</u> **a room** 예약하다
I reserved a room at the hotel.
나는 그 호텔의 방을 예약했다.

❸ <u>reserve</u> **the judgment** 유보하다
The court reserved the judgment on the case.
법정은 그 사건에 대한 판단을 유보했다.

❹ **without** <u>reserve</u> 자제, 삼가기
She accepted his proposal without reserve.
그녀는 그의 제안을 거리낌 없이 받아들였다.

 내 문장 만들기   **reserve**(비축하다, 예약하다, 유보하다, 자제)로 내 문장 만들기

1.

2.

3.

day 94 press

그렇게 위에서 누르니까 우울하잖아 ▶ 살다보면 기분이 우울할(depressed) 때가 있는데요, 이럴 때 무언가에 눌려있는 듯 답답한 느낌을 받지 않으세요? 그도 그럴 것이 depressed는 de-(아래로)와 press(누르다)가 결합된 단어로서 '아래로 눌려있는'의 이미지를 갖고 있거든요. 눌러서 만들어지는 단어들 이번 기회에 확실하게 알아둡시다.

기본의미 :
누르다
(push)

하루 **10분**
강의듣고 감잡기

아래로(de-) 눌린
→ **depress**ed
a. 의기소침한, 낙담한

누르는 느낌을 주는
→ **press**ing
a. 긴급한

마음 안을(im-) 누르는
→ im**press**ive
a. 인상적인

(의견을) 눌러서 밖으로(ex-) 내보내다
→ ex**press**
v. 표현하다, 나타내다 n. 급행 a. 급행의

문덕의
미니강의

day 94

❶ **feel depressed** 의기소침한, 낙담한
He **felt** always **depressed** after his mom passed away.
그는 엄마가 돌아가신 이후로 항상 침울해했다.

❷ **pressing issue** 긴급한
It's time to concentrate on more **pressing issues**.
좀 더 긴급한 문제들에 집중할 시간이다.

❸ **an impressive performance** 인상적인
The actor gave **an impressive performance** as a general.
그 배우는 인상적인 장군 연기를 선보였다.

❹ **express one's thanks** 표현하다, 나타내다
I want to **express my thanks** to all of you.
여러분들께 감사의 인사를 올리고 싶습니다.

 내 문장 만들기

depressed(의기소침한), **pressing**(긴급한), **impressive**(인상적인), **express**(표현하다)로 내 문장 만들기

1.

2.

3.

day 95 relieve

덜어내어 가벼워지는 다양한 방법 ▶ relieve는 '고통을 덜다'와 '해고하다'의 의미를 모두 갖고 있는데요, "해고당하면 고통이 늘어나는데 왜 relieve를 쓰지?" 비밀은 어원에 있습니다. relieve는 re-(강조)와 liev(가벼운)가 결합된 단어로 '(덜어내어) 가볍게 하다'가 기본의미이거든요. 고통을 더느냐, 의무를 더느냐 그 차이인 거죠.

하루 10분 강의듣고 감잡기

문덕의 미니강의

기본의미 :
덜어내어 가볍게 하다

[추상] 고통을 덜어내어 가볍게 하다
→ **(고통 등을) 덜어주다**
경감하다
relieve one's headache

[추상] 근심을 덜어내어 가볍게 하다
→ **안도케 하다**
be *relieved*

[추상] 의무를 덜어내어 가볍게 하다
→ **해직하다 · 교체하다**
relieve A of duty

[비유] 몸에서 덜어내어 가볍게 하다
→ **소변을 보다**
relieve oneself

day 95

① **<u>relieve</u> one's headache** 덜어주다
Take these drugs to **relieve your headache**.
두통을 덜기 위해 약을 복용해라.

② **be <u>relieved</u>** 안도케 하다
I'm relieved to see that you are safe.
당신이 안전하다니 마음이 놓입니다.

③ **<u>relieve</u> A of duty** 해직하다, 교체하다
He was **relieved of** his **duties**.
그는 직장에서 해고되었다.

④ **<u>relieve</u> oneself** 소변을 보다
I **relieved myself** against a wall.
나는 벽에 대고 오줌을 누었다.

★ 내 문장 만들기  **relieve**(덜어주다, 안도케 하다, 해직하다, 소변을 보다)로 내 문장 만들기

1.

2.

3.

day 96 scrib

처방전은 약국 가기 전에 의사가 미리 쓰는 것

▶ 여기 의약분업을 온몸으로 실천하는 단어가 있으니 바로 prescribe(처방하다)랍니다. 이 단어는 pre-(미리)와 scribe(쓰다)가 결합된 단어인데, 의사가 환자를 약국에 보내기 전에 미리 써주잖아요. 이 밖에 '쓰다'에서 만들어진 단어들 또 뭐가 있을까요? 지금부터 함께 알아봅시다.

기본의미 :
쓰다
(write)

하루 **10분**
강의듣고 감잡기

약국에 보내기 전에 미리(pre-) 쓰다
→ **prescribe**
v. (약 등을) 처방하다, 규정하다

아래로(de-) 써내려가다
→ **describe**
v. 묘사하다, (어떠한지를) 말하다

아래에(sub-) 쓰다
→ **subscribe**
v. (잡지, 신문 등을) 정기 구독하다, 서명하다

옮겨서(trans-) 쓰다
→ **transcribe**
v. (생각·말을 글로) 기록하다, 옮겨 쓰다

문덕의
미니강의

day 96

❶ <u>prescribe</u> medicine 처방하다

The doctor **prescribed** some **medicine** for the patient.
그 의사는 그 환자를 위해 약을 처방했다.

❷ <u>describe</u> exactly 묘사하다

Try to **describe exactly** what happened.
무슨 일인지 자세히 설명해 보세요.

❸ <u>subscribe</u> to a magazine 정기 구독하다

I **subscribe to a magazine** to get useful information.
난 유용한 정보를 얻기 위해 잡지를 구독한다.

❹ be <u>transcribed</u> (글로) 옮겨쓰다

The interview **was transcribed**.
그 인터뷰는 녹음되었다가 뒤에 글로 옮겨졌다.

 내 문장 만들기 — ✏️ **prescribe**(처방하다), **describe**(묘사하다), **subscribe**(정기 구독하다), **transcribe**(글로 옮겨 쓰다)로 내 문장 만들기

1.

2.

3.

day 97 **term**

우리 사이는 처음부터 끝까지 함께 하는 사이

▶ 상한 음식 먹으면 큰일 나는 거 아시죠? 그래서 식품 살 때 유효기간(term of validity) 꼭 확인해야 합니다. '유효기간'에서 '기간'은 영어로 term이라고 하는데요, 이유는 term이 '끝에서 끝까지'를 나타내는 어원이기 때문입니다. 양쪽 끝을 연결하는 본성으로 다른 의미도 확인해볼까요?

기본의미 :
끝에서 끝까지

하루 10분 강의듣고 감잡기

문덕의 미니강의

[추상] 끝에서 끝까지의 사이
→ **기간·학기**
　term of validity

[추상] 한쪽 끝의 사람과 다른 쪽 끝의 사람 사이
→ **관계·사이**
　on good **terms** with

[추상] 계약 등의 처음과 끝을 나타내는 것
→ **조건·협정**
　the **terms** of the contract

[추상] 모호한 개념의 처음과 끝을 정의하는 것
→ **말·말투**
　explain a medical **term**

day 97

❶ **term** of validity 기간
The **term of validity** has expired.
유효기간이 만료되었다.

❷ on good **terms** with 관계, 사이
He is **on good terms with** his boss.
그는 그의 사장과 사이가 좋다.

❸ the **terms** of the contract 조건, 협정
He refused to disclose **the terms of the contract**.
그는 그 계약의 조건에 대해서는 공개를 거절했다.

❹ explain a medical **term** 말, 말투
The doctor **explained a medical term** to me.
그 의사는 의학 용어를 나에게 설명했다.

 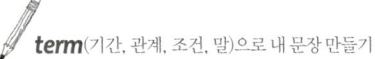

1.

2.

3.

day 98 *tract*

무엇이든 끌고 간다 ▶ 견인차 역할을 하는 트럭을 tractor(트랙터)라고 하죠? 어원 tract의 기본의미가 '끌다(draw)'이기 때문입니다. 그리고 단어 tract가 '작성하다'라는 의미로 쓰이는 이유도 글을 쓸 때 펜을 주욱 끌며 써야 해서 그래요. ㅎ 오늘은 정말 많은 단어를 끌고 다니는 강력한 어원 tract의 생산력을 살펴볼게요.

기본의미 :
끌다
(draw)

하루 10분
강의듣고 감잡기

문덕의 미니강의

짐을 싣고 끌고 가는 기계
→ **tract**or
n. 트랙터

현실로부터 멀리(ab-) 끌어낸 것
→ abs**tract**
a. 추상적인 n. 발췌, 요약

흥미로운 것 가까이(at-<ad-) 끌다
→ at**tract**
v. (주의·흥미를) 끌다, 매혹하다

한곳으로 모이도록 함께(con-) 끌다
→ con**tract**
n. 계약 v. 수축시키다; 계약하다

밖으로(ex-) 끌어내다
→ ex**tract**
v. 뽑아내다, 얻어내다

day 98

❶ **drive a <u>tractor</u>** 트랙터
The farmer learned to **drive a tractor**.
그 농부는 트랙터 운전을 배웠다.

❷ **one's <u>abstract</u> idea** 추상적인
I could not figure out **his abstract idea**.
나는 그의 추상적인 생각을 이해할 수가 없었다.

❸ **<u>attract</u> her attention** 흥미를 끌다
What is the easiest way to **attract her attention**?
그녀의 관심을 끌 수 있는 가장 쉬운 방법이 무엇일까?

❹ **written <u>contract</u>** 계약
There was no **written contract** between him and me.
그와 나 사이에는 아무런 서면 계약이 없었다.

❺ **<u>extract</u> one's wisdom tooth** 뽑아내다
The dentist **extracted** my painful **wisdom tooth**.
그 치과의사는 나의 아픈 사랑니를 뽑았다.

★ 내 문장 만들기   *tractor*(트랙터), *abstract*(추상적인), *attract*(흥미를 끌다), *contract*(계약), *extract*(뽑아내다)로 내 문장 만들기

1.

2.

3.

day 99 *direct*

내 영어에 직접적인 영향을 끼치다 ▶ 영화가 '바른 방향'으로 제작되도록 관리하고 지휘하는 것을 '감독한다(direct)'고 하죠. direct의 기본의미가 '방향이 바르다'이기 때문인데요. '바른 방향으로 곧장'이라는 뜻에서 '직접적인'으로도 쓰입니다. 여러분의 영어에 직접적인 영향을 끼칠 다의어 direct, 지금부터 그 의미들을 파헤쳐봅시다.

기본의미 :
방향이 바르다

하루 10분
강의듣고 감잡기

문덕의
미니강의

[구체] 중간에 멈추는 것 없이 **바른**
→ **직행의**
a **direct** train

[추상] 곧고 **바른**
→ **솔직한**
a **direct** answer

[추상] 행동의 **방향을 바르게** 가리키다
→ **지시하다**
as **directed**

[구체] 영화 등이 **바른 방향**으로 가도록 하다
→ **감독하다**
be **directed** by

day 99

① ***a direct train*** 직행의
There's **a direct train** to Busan.
부산까지 직행 열차가 있다.

② ***a direct answer*** 솔직한
She avoided giving **a direct answer**.
그녀는 솔직한 대답을 피했다.

③ ***as directed*** 지시하다
I took the medicine **as directed**.
나는 지시된 대로 약을 먹었다.

④ ***be directed by*** 감독하다
The movie **was directed by** Steven Spielberg.
그 영화는 스티븐 스필버그가 감독했다.

★ 내 문장 만들기 ***direct***(직행의, 솔직한, 지시하다, 감독하다)로 내 문장 만들기

1.
2.
3.

day 100 grad, gress

조금씩 가다보면 어느덧 목적지 ▶ 꿈이나 목표를 향해 서두르지 않고 꾸준히 가는 것, 이것이 성공의 열쇠이며 gradual이란 단어가 우리에게 주는 교훈입니다. grad는 '가다(go)'의 의미를 가지고 있는데요, 속도에 집착하지 않고 조금씩 전진해갈 것을 어원 grad가 우리에게 충고하네요. 그럼 같은 어원을 가진 다른 단어들 속으로 함께 가볼까요?

기본의미 :
가다
(go)

하루 **10분**
강의듣고 감잡기

문덕의
미니강의

조금씩 조금씩 가는
→ **grad**ual
a. 점진적인, 점차적인

학교에서 떠나가다
→ **grad**uate
v. 졸업하다 **n.** (대학의) 졸업생

앞으로(pro-) 가는 것
→ pro**gress**
n. 전진, 발달 **v.** 전진하다, 발달하다

어떤 목적에 가까이(ag-〈ad-) 힘차게 가는
→ ag**gress**ive
a. 공격적인; 적극적인

day 100

❶ **a gradual improvement** 점진적인
There has been **a gradual improvement** in my English scores.
내 영어 점수는 점진적으로 향상되어 왔다.

❷ **graduate from a university** 졸업하다
He **graduated from** Seoul National **University**.
그는 서울대학교를 졸업했다.

❸ **make progress in English** 진전, 발달
We have **made** great **progress in English**.
우리는 영어 실력이 대단히 늘었다.

❹ **aggressive behavior** 공격적인
TV violence may cause **aggressive behavior**.
TV폭력은 공격적인 행동을 유발할 수 있다.

 내 문장 만들기   **gradual**(점진적인), **graduate**(졸업하다), **progress**(전진), **aggressive**(공격적인)로 내 문장 만들기

1.

2.

3.